Conversational French Dialogues
For Beginners and Intermediate Students

100 French Conversations and Short Stories

Conversational French Language Learning Books - Book 1

2019 Edition

Contents

Introduction
Using this book effectively

Short Stories for Intermediate Students

Introduction

Practical books for learning a language are not easy to find. Many students suffer unrealistic learning conditions that take too long to show any practical results. It is all too easy to get frustrated or even to give up on studying and future plans. However, there are better and more practical ways to learn a language quickly. If you can master simple French conversations and if you can have fun learning the language you are almost there. Once you have learned the language to a certain level, you have made a huge personal step in you life, and nobody can take that away from you. This book will help you achieve this.

This book provides you with helpful and practical language learning book and lets you encounter useful and engaging dialogues like you might quite likely experience in real life situations when traveling in France. These conversations give you the right expressions to use for just about any likely scenario.

This book contains a selection of 100 short stories for beginners with a wide range of genres, all prepared specifically for French language learners.

With it you can practice your newly-acquired conversational skills through the use of over a hundred conversational short stories and examples of typical conversations.
The book is structured so that each story offers a new easy-to-follow conversation.

The content is intended mainly for elementary to intermediate level learners, but it will also be useful for more advanced learners as a way of practicing their reading skills and comprehension of the French language. The stories have been arranged according to their degree of difficulty and each story is accompanied by a key vocabulary section

Using this book effectively

To learn French effectively you just read each French story, one at a time and then study the dialogue after you've read the story.
This book is divided into three parts, the first for beginners and the second for intermediate students. The first 50 stories are for beginners and the dialogues are followed by an English translation. Vocabulary will be introduced to you at a reasonable pace, so you're not overwhelmed with difficult words all at once. Here, you won't have to look up every other word, but you can simply enjoy the story and absorb new expressions simply by reading and, when in doubt, you can check the important words from the vocabulary section or compare the dialogue with the English translation.

In the second part, the short stories tend to be slightly more advanced, and more French vocabulary is used in the conversations. But throughout, the French dialogue is easy-to-understand and uses vocabulary that both, those at the beginner and intermediate levels can understand, appreciate, and learn from.

1. Acheter un billet d'avion

Aujourd'hui, je dois impérativement m'acheter un billet d'avion. J'ai vu une offre intéressante sur Internet, mais je préfère aller acheter directement mon billet au bureau de la compagnie aérienne. Je veux connaître parfaitement toutes les modalités du vol.

Today, I have to buy a plane ticket. I saw an interesting offer on the Internet, but I prefer to buy my ticket directly at the airline's office. I want to know all the details of the flight.

Moi : « **Bonjour, je voudrais réserver un vol pour Paris.** »

> *"Good morning, I'd like to buy a flight ticket to Paris."*

La vendeuse : « **Bien sûr. Quand voulez-vous partir ?** »

> *"Certainly, when would you like to fly?"*

Moi : « **Demain matin, le premier vol disponible.** »

> *"Tomorrow morning, the first flight available."*

La vendeuse : « **J'ai bien un vol demain matin à huit heures, mais il y a une escale.** »

> *"I have an offer for tomorrow at eight, but with a stopover."*

Moi : « **Je voudrais un vol direct s'il vous plait.** »

> *"I'd like to fly direct, please,"*

La vendeuse : « **Quand voulez-vous rentrer ?** »

> *"When would you like to return?"*

Moi : « **J'ai besoin d'un aller et d'un retour. Je dois être de retour lundi prochain.** »

> *"I'd need a departure and return flight. I have to be back by Monday."*

La vendeuse : « **Voulez-vous voyager en classe économique ?** »

> *"Would you like to travel coach class?"*

Moi : « **Le billet le moins cher. Il est important pour moi que le billet soit échangeable.** »

"The cheapest ticket. For me it's important that the ticket is flexible."

La vendeuse : « **Cela fait trois cent euros. Vous payez en espèces ou par carte ?** »

"That's three hundred euros. Would you like to pay cash or by card?"

Moi : « **Vous prenez la Master Card ?** »

"Do you accept Master Card?"

La vendeuse : « **Bien sûr.** »

"Of course."

Questions de compréhension

Quand est-ce-que je dois voyager ?

Quand dois-je être de retour ?

Quelle autre condition est importante à mes yeux ?

2. Faire des courses au centre commercial

Mon mari et moi sommes en vacances. Aujourd'hui nous voulons aller faire des courses. A côté de notre hôtel se trouve un centre commercial. Tout d'abord, nous aimerions acheter des vêtements.

My husband and I are on vacation. Today we want to go shopping. Next to our hotel is a shopping center. First, we would like to buy clothes.

Maria : « **Regarde Pascal. Ils ont même des chapeaux ici.** »

"Look Pascale, they also have hats."

Pascal : « **J'aurais bien besoin d'un chapeau. Rentrons dans le magasin.** »

"I could use a hat well, let's go into the shop."

Maria : « **Bonjour, nous serions intéressés par des chapeaux. A combien est le chapeau noir ?** »

"Good morning, we are interested in the hat. How much is the black one?"

Pascal : « **Celui-ci est en promotion et coûte cinquante euros.** »

"This one is on promotion, it costs fifty euros."

Maria : « **Est-ce que ce chapeau est à la mode en France ?** »

"Is this it fashionable in France?"

Le vendeur : « **C'est un chapeau classique. Vous pourrez toujours le porter.** »

"This is a classic hat. You can always wear it."

Pascal : « **L'avez-vous aussi en blanc ?** »

"Do you have this hat in white?"

Le vendeur : « **Non, il existe seulement dans cette couleur. Le chapeau est en cuir.** »

"No, it comes only in this color. The hat is made of leather."

Maria : « **Tu devrais l'acheter. Ensuite on ira m'acheter une robe et aussi une paire de chaussure.** »

"You should buy it. Afterwards we buy a dress and for me a pair of shoes."

Pascal : « **D'accord. Je voudrais acheter le chapeau.** »

"Alright. I'd like to buy the hat."

Le vendeur : « **Parfait. La caisse se trouve par ici.** »

"Excellent. The cash register is over there."

Questions de compréhension

Quel chapeau aimerait acheter Pascal ?

Que voudrait acheter Maria ?

En quelle matière est le chapeau ?

3. Au commissariat

Hier on m'a volé mon passeport et mon argent. Je suis au commissariat.

Yesterday my passport and my money were stolen. I am at the police station.

« **Bonjour, je voudrais faire une déclaration de vol.** »

> *"Good morning, I'd like to file a lost report."*

« **Qu'avez-vous perdu ?** »

> *"What did you lose?"*

« **Mon passeport et mon argent. Il y avait environ deux-cent euros.** »

> *"My passport and money. It was about two hundred euros."*

« **Vous avez perdu vos affaires ou bien on vous les a volées ?** »

> *"Did you lose your things or was it stolen?"*

« **Je crois qu'on me les a volées.** »

> *"I think it was stolen."*

« **Qu'est-ce qui vous le fait croire ?** »

> *"Why do you think that?"*

« **Hier matin, mes affaires se trouvaient encore dans mon sac.** »

> *"Yesterday morning my things were still in the bag."*

« **Où pensez-vous que vos affaires auraient pu être volées ?** »

> *"Where were your things stolen?"*

« **A l'auberge de jeunesse. Quelqu'un a volé les affaires qui se trouvaient dans mon sac.** »

> *"In a hostel, somebody stole the things out of my bag."*

« **Quand était-ce ?** »

> *"When was that?"*

« **Hier soir vers 10 heures. Je suis rentré tard à l'hôtel. Et lorsque je suis revenu, toutes mes affaires avaient disparues.** »

"Yesterday night at around ten o'clock. I came back late to the hostel. When I came back all my things were gone."

Questions de compréhension

Pourquoi ai-je dû aller au commissariat ?

Qu'est ce qui a été volé ?

Quand les affaires ont- elles été volées ?

4. A la pharmacie

Je vais à la pharmacie parce que j'ai besoin de médicaments,

I go to the pharmacy because I need medication.

« **Bonsoir. J'ai vraiment très mal au ventre. Avez-vous un antidouleur ?**

> *"Good evening. I have strong stomach ache. Do you have painkillers?"*

« **Quel genre de douleurs avez-vous ?** »

> *"What kind of pain do you have?"*

« **Je ressens comme une brûlure.** »

> *"It feels like a burning."*

« **Dans ce cas je ne vous recommande pas de prendre des antidouleur, cela ne ferait qu'empirer les choses.** »

> *"Then I would not recommend something against pain, that can make it worse."*

« **Que dois-je faire ?** »

> *"What can I do?"*

« **Prenez un médicament contre les ulcères. D'autre part, vous ne devez rien manger. Respectez une diète stricte.** »

> *"Take medication against an ulcer. Besides you must not eat. Keep a strict diet."*

« **D'accord. J'ai aussi une inflammation au pied.** »

> *"Alright. Also I have an inflation in my foot."*

« **Vous permettez que je regarde ? Votre pied est enflé !** »

> *"You allow me to see it? Your foot is swollen!"*

« **Je ne peux même pas le bouger.** »

> *"I cannot move my foot."*

« **Je vais vous donner un médicament contre la goutte. Demain vous devez impérativement vous rendre chez un médecin.** »

"I give you a medication against gout. Tomorrow you have to see a doctor."

« C'est exactement ce que je vais faire. »

"That's exactly what I am going to do."

Questions de compréhension

Qu'est-ce que je demande au pharmacien ?

Qu'est-ce que j'ai au pied ?

Que me conseille le pharmacien ?

5. Un mariage heureux

Mon mari est très romantique et prend bien soin de moi. Malgré tout nous avons nos différences. Mon mari aime le sport et va régulièrement à la salle de sport. Moi, au contraire, j'aime me lever tard et regarder la télé.

My husband is very romantic and takes good care of me. Despite everything we have our differences. My husband loves sports and regularly goes to the gym. Me, on the contrary, I like getting up late and watching TV.

Mon époux : « **Chloé, vas-tu encore passer ta matinée à regarder la télévision ?**

"Chloé, are you spending the morning with watching tv again?"

Moi : « **Juste ce matin, après je vais faire du sport.** »

"Just this morning, afterwards I will do sports."

Mon époux : « **L'exercice aide à lutter contre l'obésité** », me dit mon mari.

"Exercising helps against overweight", my husband says.

Moi : « **Nous nous sommes mis tous les deux d'accord sur le fait de commencer un régime** »

"We have an agreement that we make a diet."

Mon époux : « **Nous ne devrions plus manger de sucreries.** »

"We shouldn't eat anymore sweets."

Questions de compréhension

Qu'est-ce que j'aime faire le matin?

Quel est notre accord?

Que devrions-nous pas manger?

6. Vivre

Je resterai en France pendant un an. Le pays est très bien organisé. Partout il y a des transports en commun et les rues sont très propres.

I will stay in France for a year. The country is very well organized. There is public transport everywhere and the streets are very clean.

« Tout est bien rangé ici. Il y a beaucoup de choix », dis-je à mon amie.

"Everything is neat here. They have large variety", I tell my friend.

« Oui, et les supermarchés français sont aussi moins cher », répondis-je.

"Yes, the French supermarkets are cheap too", I respond.

« Mais la plupart ferment tôt. »

"But most of them close early."

« Les français sont des gens ponctuels. », m'explique mon amie.

"The French are also punctual", I explain to my friend.

« Je trouve que c'est bien », dis-je. Les français sont aussi très polis. »

"I like that", she says. The French are also polite."

« C'est vrai, mais il y a aussi plein de choses qui sont interdites en France. Là-bas, il faut faire attention »

"Exactly, but many things are also forbidden in France. There you have to be careful."

« Mais quand on a un travail, je trouve que la France est un bon pays. »

"But if you have work, France is a good country."

Questions de compréhension

Les supermarchés sont-ils chers?

Pourquoi la France est-elle un bon pays

Les entreprises ferment-elles tard?

7. La vieillesse n'a pas d'importance

Le petit-fils : « **Salut Grand-père, tu as eu quel âge hier ?** »

"Hi grandpa, how old did you get yesterday?"

Le Grand-père : « **Hier, j'ai eu soixante-dix ans** »

"Yesterday I got seventy."

Le petit-fils : « **Tu conduis toujours ?** »

"Are you still driving?"

Le Grand-père : « **Cela fait plus de vingt ans que je conduis sans avoir eu un seul accident. J'ai toujours beaucoup conduit et j'ai voyagé partout. Je ne peux pas vivre sans voiture. Même pour un tout petit trajet je prends ma voiture.** »

> *"I have been driving for twenty years without accident. I always drove a lot and traveled everywhere. I can't live without a car, even for a small ride a take my car."*

Le petit-fils : « **As-tu déjà eu un accident?** »

"Have you ever had an accident?"

Le Grand-père : « **Je n'ai jamais eu d'accident, car je conduis toujours très lentement.** »

"I never had an accident because I always drive slow."

Le petit-fils : « **Est-ce-que tu as déjà eu un contrôle routier?** »

"Have you ever been in a traffic stop?"

Le Grand-père : « **Ce matin, j'ai été contrôlé par la police. Le policier m'a dit que je n'avais plus le droit de conduire, car je n'ai encore jamais eu de permis de conduire.** »

> *"This morning I was stopped by the police. The police officer said, I cannot drive a car anymore, because I never had a driver's license."*

Questions de compréhension

Quel âge a le grand-père?

Why is my grandfather still driving a car?

Pourquoi le grand-père ne peut plus conduire une voiture?

8. A la boulangerie

Je commence à travailler dans quinze minutes. Avant d'aller au travail, j'aime m'arrêter dans une boulangerie locale pour m'acheter un pain frais. J'ouvre la porte et il y a déjà une longue queue. Il y a au moins huit personnes devant moi. Ils achètent de tout, des gâteaux au pain français. Je dois être au bureau dans moins de dix minutes. Puis mon tour arrive. Soudain, un homme passe devant moi.

My work starts in fifteen minutes. Before going to work, I'd like to stop at a local bakery to buy a fresh bread. I open the door and there is already a long line. There are at least eight people in front of me. They buy everything from cakes to French bread. I have to be at the office in less than ten minutes. Then it's my turn. Suddenly, a man walks past me.

« **Pardon mais c'est à mon tour maintenant**. »

>   *"Sorry it is my turn now."*

Le v*endeur:* « ***Ce n'est pas encore à vous***. »

>   *The salesman: It is not yours yet."»*

« **J'étais là le premier.** » ai-je protesté.

>   *"I was first", I protested*

« **Restez tranquille** », dit le vendeur qui se met à discuter avec l'autre client.

>   *"Be quiet", says the salesman and begins to chat with the customer.*

« **Comment s'est passé votre week-end?** »

>   *"How was your weekend?"*

Le client : « **Très bien, il faut que je vous raconte quelque chose**…. »

>   *"Alright, I have to tell you something..."*

Je prends le gâteau et le lance à la figure du vendeur. Le vendeur tombe par terre. Tous les clients sont choqués.

>   *I take the cake and throw it at the seller's face. The seller falls to the ground. All customers are shocked.*

« **Quelqu'un d'autre veut du gâteau**? » ai-je demandé.

"Anyone else want cake", I asked.

Les clients sont sortis du magasin, je prends mon pain et je pars.

The customers ran out of the store, I take my bread and leave.

Questions de compréhension

Pourquoi je proteste?

Pourquoi suis-je en colère?

Que font les clients après l'incident?

9. Au cinéma

Ce week-end, un film vraiment intéressant passe au cinéma. C'est censé être un film romantique. C'est pourquoi j'ai invité une voisine à m'accompagner parce qu'elle aussi aime les films romantiques. Nous achetons du popcorn et nous asseyons au premier rang.

This weekend they show a really good movie in the cinema. It's supposed to be a romantic movie. That's why I invited a neighbor to accompany me because she also loves romantic movies. We buy popcorn and sit in the front row.

« Puis-je t'offrir du pop-corn? »

"May I offer you popcorn",

« Volontiers, j'adore le pop-corn.»

"Gladly, I love popcorn."

Ma voisine pose sa tête sur mon épaule. Je lui prends la main.

My neighbor puts her head on my shoulder. I take her hand.

« Puis-je te prendre la main? »

"Can I hold your hand?"

La jeune fille reste silencieuse. Je pose le sac de pop-corn sur le côté.

The girl remains silent. I put the bag of popcorn to the side.

« Puis je poser ta main sur mon genou? »

"May I put my hand on your knee?"

Questions de compréhension

Quel genre de film regardons-nous?

Est-ce que je lui offre un verre?

Qu'est-ce que je lui demande?

10. À l'hôpital

Le chauffeur de taxi : « **Bonjour, où voulez-vous aller?** »

"Good morning, where do you want to go?"

Le passager : « **Je dois aller à l'hôpital**. »

"I need to go the hospital."

Le chauffeur de taxi: « **Est-ce que c'est une urgence?** »

"Is it an emergency?"

Le passager : « **Non, mais ma fille s'est fait opérer.** »

"No, but my daughter has surgery."

Le chauffeur de taxi: « **Alors je ne dois pas aller vite?** »

"So I don't have to drive fast?"

Le passager : « **Roulez lentement s'il-vous-plait.** »

"Drive slowly, please."

Le chauffeur de taxi: « **Bien sûr, je conduis toujours lentement et prudemment**. »

"Of course, I always drive slowly and carefully.

Le passager: « **Pouvez-vous revenir me chercher plus tard**?

"Can you pick me up later?"

Le chauffeur de taxi: « **Je vous emmène et je vous ramènerai.** »

"I drive you there and pick you up later."

Le passager: « **Je vous donnerai un pourboire pour avoir fait cela.** »

"For doing that I give you a tip."

Questions de compréhension

Où allons-nous?

Qu'est-ce que je demande au chauffeur?

Pourquoi est-ce que je donne un pourboire?

11. l'application

Je téléphone à une entreprise. « Bonjour, avez-vous reçu mon dossier de candidature ? »

I am calling a company. "Good morning, have you received my application?"

La secrétaire : « Bonjour, oui votre dossier de candidature est arrivé. »

"Good morning, yes your application has arrived."

« Y a-t-il déjà un rendez-vous de prévu? »

"Is there already a scheduled appointment?"

« Oui, nous vous avons envoyé une invitation. »

"Yes, we have you sent an invitation."

« Vous voulez dire que j'ai obtenu un entretien d'embauche ? »

"Do you mean I have have a job interview?"

« Oui, venez lundi prochain, s'il vous plait. »

"Yes, please come next Monday."

Questions de compréhension

Qu'est-ce que je demande en premier?

Qu'est-ce qu'ils m'ont envoyé?

Ai-je reçu une invitation?

12. Gagner à la loterie

Mon père et moi avons entendu dire que mon oncle avait gagné à la loterie. Le jeu s'appelle six sur quarante-neuf, ce qui veut dire que mon oncle a dû deviner six nombres corrects. Nous pensons tous que mon oncle est devenu millionnaire. Mais mon père m'a dit qu'il doit encore 2000 $ à notre famille. Nous avons décidé d'aller rendre visite à mon oncle.

My father and I heard that my uncle won the lottery. The game is called six out of forty-nine, which means that my uncle had to guess six correct numbers. We all think that my uncle has become a millionaire. But my dad told me he still owes $ 2,000 to our family. We decided to visit my uncle.

Mon père : « **Salut, j'ai entendu que tu avais gagné au loto.** »

"Hello, I heard you won the lottery."

Mon oncle : « **Je ne suis pas riche, je suis toujours aussi pauvre.** »

"I am not rich, I am still poor."

Mon père : « **Je ne te crois pas.** »

"I don't believe you."

Mon oncle : « **Si, crois-moi s'il te plait, j'ai seulement voulu me vanter.** »

"Yes, please believe me, I was just bragging."

Mon père : « **Tu as encore des dettes envers moi.** »

"You still owe me."

Mon oncle : « **Très bien, je te donne ma voiture.** »

"Alright, I give you my car."

Questions de compréhension

A-t-il vraiment gagné à la loterie?

Est-il toujours endetté?

Qu'est-ce qu'il nous donne?

13. Au bureau

Je suis en général très occupée, surtout les lundis. Le matin, je mets 30 minutes en voiture pour aller au travail. D'abord, je fais du café puis je commence à prendre des appels.

I am usually very busy, especially Mondays. In the morning, I drive 30 minutes to work. First, I make coffee and then I start making phone calls.

Mon chef : « **Bonjour Madame Leclerc, le café est-il prêt ?** »

"Good morning, Ms. Leclerc, is the coffee ready?"

Moi : « **Encore cinq minutes. Sinon puis-je faire quelque chose d'autre pour vous ?** »

"Still five minutes. Is there something else I can do for you?"

Mon chef : « **Je voudrais que vous me rendiez un service personnel.** »

"I'd like you to do me a personal favor."

Moi : « **Comme la semaine dernière ? Je me suis sentie tellement mal après.** »

"Like last week?" After that I felt so bad."

Mon chef : « **Je voudrais que vous envoyiez des lettres. Ensuite vous rangerez le bureau s'il vous plait.** »

"I'd like you to send the letters. After that you can clean the office."

Moi : « **J'aimerai bien finir plus tôt ce soir.** »

"Today I would like to leave early."

Mon chef : « **Pas de problèmes, et en plus, j'ai un cadeau pour vous.** »

"No problem, besides I have a gift for your."

Questions de compréhension

Quel genre de travail ai-je?

Quelles sont mes tâches?

Qu'est-ce que je fais après le travail?

14. Notre hôtel

Nous venons juste d'arriver à notre hôtel. Cette année nous allons passer nos vacances en Espagne.

Le père : « **C'est un très bel hôtel.** »

"That's a very nice hotel."

La fille : « **Mais les lits ne sont pas propres.** »

"But the beds are not clean."

Le père : «**En es-tu sûre ?** »

"Are you sure?"

La fille : « **Papa, regarde ! Dans les toilettes il y a des cafards qui courent partout.** »

"Look dad! There are cockroaches running around in the toilet."

Le père : « **Nous avons souscrit à une assurance voyage, mais qui ne payera pas pour des chambres sales.** »

"We have a travel insurance, but they don't pay for dirty rooms."

La fille : « **J'ai une idée. Nous faisons des photos des cafards. A la pharmacie, je vais acheter des médicaments contre la diarrhée. Je garde le reçu. Apres les vacances, j'enverrais le ticket de caisse à mon assurance. J'écrirai à l'assurance, que nous avons été malades à cause du manque d'hygiène de l'hôtel.** »

"I have an idea. I make pictures of the cockroaches. In a pharmacy I'll buy medication against diarrhoea. I keep the receipt. After the vacation I'll send the receipt to the insurance. I write the insurance the we got sick in the hotel for lack of hygiene.

Le père : « **Bien, essayons ça.** »

"Okay, we try that."

Questions de compréhension

Que trouvons-nous dans les toilettes?

Pourquoi l'assurance ne paiera-t-elle pas?

Quelle idée ai-je?

15. Il me propose de l'argent

Moi : « **Vous avez abimé ma voiture.** »

"You have damaged my car."

L'automobiliste étranger : « **Je vous demande pardon, je n'ai pas vu votre voiture.** »

"I am sorry. I have not seen your car."

Moi : « **Vous endossez donc la responsabilité ?** »

"Are you admitting your guilt?"

L'automobiliste étranger : « **Oui, c'est ma faute. Puis-je vous payer les dommages maintenant ?** »

"Yes it is my fault. Can I pay for the damage now?"

Moi : « **Vous voulez me donner de l'argent ici ? Je crois qu'il serait mieux que nous appelions la police.** »

"Are you offering me money? I think it is better that we'll call the police."

L'automobiliste étranger : « **Je vous offre cinq cent euros.** »

"I offer you five hundred euros."

Questions de compréhension

Quelle est son excuse?

Qui est responsable de l'accident?

Qu'est-ce que le pilote offre?

16. Etudier à l'étranger

Je m'appelle Cliff. Je viens des Etats-Unis et je voudrais étudier en France.

Le professeur : « **Pour être admis à l'université en France, vous devez avoir un assez bon niveau en Français.** »

"To be admitted to the university in France, you must have a fairly good level in French. "

« **Comment puis-je montrer mon niveau ?**»

"How can I proof my level?"

Le professeur : « **Vous pourrez prouver vos connaissances en passant un test de langue. Mais si vous voulez étudier dans une filière internationale, alors ce ne sera pas une condition nécessaire.** »

"You will be able to prove your knowledge by passing a language test. But if you want to study in an international field, then it will not be a necessary condition."

« **Cela signifie que je peux améliorer mes connaissances en français dans un simple cours de langue.** »

"That means, I can improve my French knowledge by doing a simple language course."

Le professeur : « **Il parait que c'est comme ça chez nous.** »

"That's seems like how it is with us."

« **Très bien, ai-je répondu, heureusement que je parle déjà un peu français.** »

"Excellent", I reply. "Fortunately I already speak a little French."

Questions de compréhension

Quel est mon but?

Comment puis-je prouver mes compétences en français?

Pourquoi dois-je faire un test?

17. Notre nouvelle maison

Mon père a acheté une grande maison neuve pour nous tous. La maison a trois étages et il y a huit pièces à chaque étage. Il y a aussi un grand grenier, que mon père compte louer. Mon père m'explique qu'il n'est pas facile de trouver des locataires fiables et aisés

Le père : « **Nous allons louer l'étage supérieur.** »

"We are going to rent the upper floor."

La mère : « **Mais ce n'est pas facile de trouver de bons locataires.** »

"But to find good tenants is not easy."

Moi : « **Quand viendront les premiers intéressés ?** »

"When will the first interested people come?"

Le père : « **Ce week-end, plein de gens viendront voir l'appartement.** »

"A lot of people will come at the weekend to take a look at the apartment."

La mère : « **La semaine dernière, il y a déjà deux familles qui sont venues. Les gens auraient bien loué l'appartement, mais ton père ne voulait pas d'eux comme nouveaux locataires.** »

"Last weekend there were already two families. They'd like to rent the apartment, but your dad didn't want these people as new tenants."

Moi : « **Pourquoi ne voulions nous pas d'eux ?** »

"Why didn't we want them as tenants?"

Le père : « **La première famille était sans emploi et la seconde voulait y habiter avec leur grand-mère malade.** »

"The first family was unemployed and the second family wanted to bring a sick grandmother into the house. "

Questions de compréhension

Pourquoi est-il difficile de trouver des locataires?

Quand les gens viennent-ils?

Pourquoi avons-nous rejeté les locataires

18. Apprendre en groupe

Le professeur : « **Bonjour, tu es notre nouvelle élève. Voudrais-tu te présenter s'il te plait ?** »

"Good morning, are you the new student? Can you introduce yourself?"

L'élève : « **Mon prénom est Ilma. J'habite en France depuis presque trois ans. Je suis arrivée en France avec toute ma famille, parce que dans mon pays d'origine le taux de chômage est très élevé.** »

"My name is Ilma. I live in France for almost two years. I came with my whole family to France, because there is a lot of unemployment in my country."

Le professeur : « **Mais tu parles déjà un très bon français.** »

"But you speak already good French."

L'élève : « **C'est parce que j'ai appris avec bon français. Lorsque je suis arrivée en France je ne connaissais pas un seul mot de français. Je prends des cours tous les soirs dans une école de langues. Parfois je ne comprends pas tout.** »

"Because we are learning in a group. When I arrived in France I couldn't speak a word of French. Every evening I had a course in a language school. Sometimes I don't understand everything."

Le professeur : « **Que fais-tu quand tu ne comprends pas tout ?** »

"What do you do if you don't understand something?"

L'élève : « **Je demande au professeur de parler un peu plus lentement. Quand elle parle lentement, alors je comprends tout.** »

"Then I ask the teacher if she can speak a little more slowly."

Le professeur : « **Ton français s'est beaucoup amélioré depuis que tu apprends avec un groupe.** »

"Since you learn in a group your French has improved a lot."

L'élève : « **Oui, et en plus c'est plus amusant d'apprendre en groupe. J'ai déjà hâte d'assister au prochain cours.** »

"Yes, and it is a lot more fun to learn in a group. I can't wait to attend the next class."

Questions de compréhension

Pourquoi ma famille veut-elle vivre à France?

Que dois-je faire si je ne comprends pas?

Pourquoi mon français s'est-il amélioré?

19. Acheter un billet d'avion

Jeanne : « **Bonjour, je souhaiterais acheter un billet d'avion pour l'Espagne.** »

"Good morning, I'd like to buy a ticket to Spain."

La vendeuse : « **Bien sûr. Quand souhaitez-vous partir ?** »

Of course. When would you like to go?"

Jeanne : « **Je voudrais partir début décembre et rentrer début janvier.** »

"I'd like to go at the beginning of December and come back beginning of January."

La vendeuse : « **Dans quelle ville souhaitez-vous vous rendre ?** »

"To what city would you like to go?"

Jeanne : « **Réservez-moi un vol pour Tenerife s'il vous plait.** »

"Please book a flight to Tenerife."

Questions de compréhension

Où est-ce que je veux aller?

Quelles sont mes dates de voyage

20. Un coup de main

Gabriel : « **Excusez-moi, mais je peux vous aider à traverser la rue.** »

"Excuse me, but can I help you to cross the street?"

Le retraité : « **C'est très gentil, oui vous pouvez m'aider s'il vous plait.** »

"That'd be very nice. Please help me."

Gabriel : « **Pour que la lumière passe au vert, les piétons doivent appuyer sur un bouton.** »

"To get a green light, the pedestrian has to push a button."

Le retraité : « **Je ne savais pas.** »

"I didn't know that."

Gabriel : « **Beaucoup de personnes âgées ne le comprennent pas ou bien oublient d'appuyer sur le bouton.** »

"A lot of elderly don't know that or they forget to push the button."

Questions de compréhension

Qu'est-ce que Gabriel offre?

Que ne savent pas beaucoup de personnes âgées?

21. Les personnes âgées ont besoin d'aide

Adam : « **Puis-je vous laisser passer ?** »

> "May I let you pass?"

La retraitée : « **Volontiers, c'est très gentil.** »

> "Gladly, that's very nice."

Adam : « **Je comprends bien que vous ne pouvez pas rester debout trop longtemps.** »

> "I understand you cannot stand that long in line."

La retraitée : « **C'est vrai, j'ai un problème à la hanche.** »

> "That's right. I have a problem with my hip."

Adam : « **Quel film avez-vous envie de voir ?** »

> "What kind of movie would you like to watch?"

La retraitée : « **Je vais voir une comédie.** »

> "I am going to watch a comedy."

Questions de compréhension

Qu'est-ce qu'Adam offre au retraité?

Quel est le problème pour le retraité?

Quel genre de film le retraité veut-il voir?

22. Adieu les kilos

Marion a récemment pris du poids. Chaque matin elle se pèse et hier elle a atteint les 90 kilos, presque tout pile. Elle a un peu honte d'elle-même, surtout parce que tout le monde dans sa famille est plutôt mince. Pour Noël elle s'attend à ce que toute sa famille vienne la voir.

La mère : « **Marion, est ce que tu as encore grossi?** »

"Marion, did you gain weight ?"

Marion : « **Non, je fais un régime.** »

"No, I am on a diet."

La mère : « **Pourtant on n'arrive pas à voir si tu as pris du poids ou si tu en as perdu.** »

"Whether you have gained weight or lost it you cannot see it."

Marion : « **Mais j'ai perdu cinq kilos ces derniers mois.** »

"But the last months I lost five kilos."

La mère : « **Je ne te crois pas.** »

"I don't believe you."

Marion : « **Je vais te le prouver ainsi qu'à la famille.** »

"I will proof it to you and the family."

Questions de compréhension

Pourquoi Marion dit-elle qu'elle n'a pas pris de poids?

Combien de kilos Marion a-t-elle perdus?

Qu'est-ce que Marion montrera à ses parents?

23. Un vieux tour

Un habitué : « **Salut, tu peux me prêter cinquante euros** ? »

"Hi, can I borrow fifty euros?"

Moi : « **Normalement je ne prête d'argent à personne, l'amitié et l'argent ne font pas bon ménage**. »

"Normally I never lend money. Friendship ends with money."

Un habitué : « **Je te rendrai l'argent demain.** »

"I pay you back tomorrow."

Je lui fais confiance et lui prête l'argent. Le jour suivant, l'homme n'est pas là. Une semaine plus tard je le rencontre et il me redonne effectivement mon argent.

I believe him and lend him my money. The next day the man is not there. After a week the man is there and he pays me back."

Moi : « **Ça en a pris du temps. Je ne te crois plus maintenant.** »

"It's about time. I didn't believe you anymore."

Le jour suivant, je le rencontre une nouvelle fois. L'homme vient vers moi.

The next day I meet him again. I walks towards me.

Un habitué : « **Pourrais-tu me prêter cent euros** ? »

"Can I borrow one hundred euros?"

Moi : « **Je ne peux pas aujourd'hui. Je suis désolé.** »

"Today I can't. I am sorry."

Questions de compréhension

Combien d'argent l'homme veut-il emprunter?

Quand l'homme veut-il rembourser l'argent?

À la fin, combien d'argent veut-il?

24. Je serai de retour très vite

Aujourd'hui je suis en retard. Je dois être au travail dans dix minutes. Je me rends au travail en voiture, soudain je me souviens que j'ai oublié mes clés.

Je retourne en voiture et me gare devant ma maison. Il y a un officier de police.

Le policier : « **Vous n'avez pas le droit de vous garer ici!** »

"You cannot park here!"

Moi : « **Il faut juste que je rentre une seconde à la maison. Je serai de retour très vite.** »

"I just have to go into the house. I'll be right back."

Le policier : « **Pourquoi devez-vous aller dans cette maison?** »

"Why you have to go into the house?"

Moi : « **J'habite ici et j'ai oublié mes clés.** »

"I live here and I forgot my keys."

Le policier : « **Vous avez un minute!** »

"You have one minute."

Questions de compréhension

Pourquoi dois-je entrer dans la maison?

Pourquoi dois-je faire demi-tour?

25. La fête d'anniversaire

Nico : « **Salut Andreas, est-ce que tu viens à mon anniversaire vendredi prochain ?** »

"Hi Andreas, do come next Friday to my birthday party?"

Andreas : « **Bien sûr. Ce sera à quel endroit ?** »

"Gladly, where do you celebrate?"

Nico : « **La fête aura lieu à mon appartement.** »

"The birthday party will be in my apartment."

Andreas : « **Tu vas avoir quel âge ?** »

"How old are going to be?"

Nico : « **J'aurai trente ans. Le matin, il y aura mes parents, mes frères et sœur et mes grands-parents. Le soir, j'invite mes amis.** »

"I will be thirty years old. In the morning my parents, my siblings and my grandparents will come."

Andreas : « **As-tu besoin d'aide ?** »

"Do you need help?"

Nico : « **Ma mère va m'aider le matin à préparer le repas. Nous allons cuisiner ensemble et pour terminer nous ferons un gâteau.** »

"In the morning my mother will help me with the food. We will cook and afterward we will bake a cake together."

Andreas : « **Et qu'est-ce qu'il y aura à manger pour le soir ?** »

"What do you eat in the evening?"

Nico : « **Pour le soir, nous allons préparer de l'agneau. Ma famille et mes amis aiment bien les repas traditionnels français.** »

"For the evening we will prepare lamb. My family likes traditional, French food."

Andreas : « **Mais le plus important, c'est la tarte d'anniversaire. Elle doit contenir les trente bougies et avoir plein de crème chantilly en guise de décoration !** »

"But the most important thing is the birthday cake. It has to come with thirty candles and must be decorated with a lot of whip cream."

Nico : « **Exactement! Les trente bougies veulent dire que j'ai trente ans ! Vendredi sera vraiment un grand jour !** »

"Exactly! Thirty candles means I have become thirty! Friday will be an important day!"

Questions de compréhension

De quoi ma mère m'aide-t-elle le matin?

Quelle est la chose la plus importante à ma fête d'anniversaire?

Quelle est la chose la plus importante à ma fête d'anniversaire?

26. Briques lourdes

La jeune fille : « **Excusez-moi. Pourquoi transpirez-vous comme ça ?** »

"Excuse me. Why are you sweating so much?"

Moi : « **Je dois travailler très dur, c'est pour cette raison que je transpire, et je suis épuisée.** » racontais-je à la jeune fille.

"I have to work hard. That's why I am sweating so much and I am tired", I explain.

La jeune fille : « **Pourquoi devez-vous travailler si dur ?** »

"Why do you have to work so hard?"

Moi : « **Je dois transporter des briques parce que je n'ai pas fait d'études.** »

"I have to carry bricks, because I don't have an education."

La jeune fille : « **Mais vous êtes si vieille.** »

"But you are already old."

Moi : « **Je ne peux rien faire d'autre et j'ai mes raisons.** »

"I can't do anything else and I have my reasons."

Tout à coup un homme s'approche. C'était mon chef. Mon chef avait l'air mécontent. « Que faites-vous là sur le côté à discuter avec une enfant ? »

Suddenly a man approaches. It is my boss. He makes a face. "Why are you standing around and talk with a child?"

Je lui expliquais que je prenais seulement une petite pause et que l'enfant voulait tout simplement savoir pourquoi je transpirais autant.

I explain that I make only a short break and the child just wanted to know why I am sweating so much.

« **Pourquoi vous transpirez ?** » demanda mon chef.

"Why are you sweating", my boss wants to know.

« **Parce que j'ai transporté tellement de briques** » ai-je dit.

"Because I was carrying so many bricks", I say.

Ce à quoi mon chef a répondu : « **Assez discuté, recommencez.** »

Then my boss replies: "Enough talk, carry on."

Questions de compréhension

Pourquoi est-ce que je transpire autant?

Qu'est-ce que j'explique à mon patron?

Quel est mon problème?

27. Survie sans électricité

Pierre : « **Maria, nous n'avons plus d'électricité !** »

"Maria, we don't have no electricity anymore!"

Maria : « **Ce n'est pas trop grave. Mais nous n'avons plus d'eau!** »

"That's not so bad. But we have no water!"

Pierre : « **Tout est noir. Où ù est la police ?** »

"Everything is dark. Where is the police?"

Maria : « **Ils ont dit que nous devions attendre les pompiers.** »

"They said we have to wait for the fire brigade."

Pierre : « **Est-ce que nous avons assez de denrées alimentaires** ? »

"Do we still have enough food?"

Maria : « **Oui mais ce n'est pas le problème, puisque juste a côté de notre maison de retraite il y a un hôtel.** »

"Yes, that's not the problem, because next to our nursing home is a hotel."

Pierre : « **C'est bien. Ils pourront nous aider**. »

"That's good, they will help us."

Questions de compréhension

Y a-t-il encore assez de nourriture?

Qu'est-ce qu'ils attendent?

Qui pensent-ils va les aider?

28. Le restaurant végétarien

Marion est déterminée à apporter des changements dans sa vie.

Mais elle n'aime pas cuisiner. Elle demande conseil à un ami.

Une amie : « **Marion, c'est mieux de commencer un régime sans viande.** »

> "Marion, it's best to start a diet without meat."

Marion : « **Quand j'aurais du temps, j'essayerai de cuisiner des nouveaux plats pour mon régime.** »

> "If I have time, I'll start to cook new diet dishes."

Une amie : « **Mais cuisiner prend du temps et tu as une toute petite cuisine.** »

> "But cooking takes time and you have only a small kitchen."

Marion : « **C'est pour cette raison que je vais souvent dans des restaurants végétariens.** »

> "That's why I am often go to vegetarian restaurants."

Questions de compréhension

Que va-t-elle faire quand Marion aura le temps?

Quels sont les types de cuisine de Marion?

Pourquoi Marion veut-elle aller dans une cuisine végétarienne?

29. Trains et bus

Markus : « **Au fait, où habite grand-mère**? »

> "Where is grandma actually living?"

Maria : « **Notre grand-mère habite dans une autre ville, à l'extérieur de Bordeaux**. »

> "Our grandma lives in another city, outside Bordeaux.

Markus : « **Pour rendre visite à grand-mère, est ce qu'on doit prendre une correspondance** ? »

> "To visit grandma, do we have to transfer to get there?"

Maria : « **Oui, pour pouvoir rendre visite à grand-mère nous devons d'abord prendre le train et ensuite le bus. En premier il nous faut prendre un train pour Bordeaux. A la gare centrale, nous devons descendre du train et en prendre un autre.** »

> "Yes, to visit grandma, first we have to take the train and then the bus. First we have to take the train to Bordeaux. At the central station we have to get out and take another train."

Questions de compréhension

Quel type de transport devons-nous utiliser?

Comment pouvons-nous y arriver?

Où devons-nous changer?

30. Divorcé

L'année dernière, mon mari et moi avons divorcé. Mon ex-mari est un alcoolique et ne peut pas subvenir aux besoins de sa famille.

Mon mari : « **Pourquoi veux-tu divorcer** ? »

> "Why you want to get divorced?"

Moi : « **Parce que tu bois trop d'alcool !** »

> "Because you drink too much alcohol."

Mon mari : « **As-tu pensé aux enfants** ? »

"What about the children?"

Moi : « Heureusement, ils sont adultes maintenant. Mais ils ont encore besoin de notre soutien. »

"Fortunately, the children are already grown up. But they still need support."

Mon mari : « **Est-ce que je dois assurer seul leur soutien ?** »

"Do I have to support the children myself?"

Moi : « **Nous le ferons ensemble**. »

"We do that together."

Questions de compréhension

Pourquoi suis-je divorcé?

Qu'advient-il des enfants?

Qui soutenons-nous ensemble?

31. Chaussures spéciales

Victor demande au vendeur : « **Avez-vous aussi des chaussures de travail ?** »

"Do you have working shoes?"

Le vendeur : « **Oui, les chaussures de travail sont en promotion en ce moment.** »

"Yes, working shoes are on promotion now."

Victor aperçoit une très jolie paire de chaussures sur l'étagère et demande :

« **Avez-vous aussi ces chaussures en taille 45 ?** »

"Do you have these shoes in size 45?"

Le vendeur dit : « **Non, les chaussures sur l'étagère sont ce qu'elles sont.** »

"No, the shoes in the shelf come as they are."

Victor décide d'acheter les chaussures qui se trouvent sur l'étagère. Le lundi suivant, Victor porte ses nouvelles chaussures. Le soir, il boitille. Son talon est douloureux et tout ensanglanté. Toute la semaine suivante, Victor doit porter des sandales.

Sa femme finit par lui demander : « **Pourquoi t'es-tu acheté des chaussures qui sont bien trop grandes pour toi** ? »

"Why did you buy shoes that are too large?

Victor répond : « **Il n'y en avait qu'une qui était trop grande. En revanche elles n'étaient pas chères.** »

"Only one shoe was too large, but they were very cheap."

Questions de compréhension

Quel type de chaussures cherche-t-il?

Pourquoi a-t-il mal au pied?

Pourquoi as-tu acheté les chaussures?

32. J'épouse mon bureau

Le collègue de travail : « **Monsieur Durand vous n'êtes pas concentré sur votre travai**l. »

"Mr. Durand you dont't work concentrated."

Monsieur Durand a un secret. Depuis peu, Monsieur Durand a une nouvelle petite amie.

Monsieur Durand pense : « **J'ai un secret, et personne ne doit le savoir**. »

"I have a secret that nobody must know."

Le collègue de travail : « Mais enfin quel est votre secret monsieur Durand ? »

"But what is your great secret Mr. Durand?"

Monsieur Durand ne le dit pas, mais la vérité, c'est qu'il l'a rencontrée dans la rue. Monsieur Leclerc l'a payée pour le temps qu'il a passé avec elle.

Un jour, Monsieur Durand dit à ses collègues qu'il va bientôt se marier. Mais l'un d'eux raconte au chef qu'il a rencontré sa petite amie dans la rue.

Le chef : « **Monsieur Durand si vous épousez cette femme vous ne pouvez plus travailler dans notre entreprise**. »

"Mr. Durand, you are no longer allowed to work for this company if you marry this women."

Monsieur Durand réfléchit à ce qu'il doit faire. Doit-il épouser cette fille ou bien garder son travail ?

Finalement Monsieur Durand dit à son chef : « Je vais me marier. Mais pas à cette femme, à mon bureau. »

"I will marry. Not this woman but my office."

Questions de compréhension

Quel est son secret?

Pourquoi n'est-il plus autorisé à travailler dans l'entreprise?

Avec qui va-t-il se marier?

33. Un petit restaurant

Le client : « **Excusez-moi, mais votre restaurant n'est pas propre.** », **se plaint le client.**

> "Excuse me but this restaurant is not clean", the customer complains.

Molli : « **Qu'est-ce qui vous fait dire ça ?** »

> "Why do you believe that?"

Le client : « **Regardez, il y a des cafards sur la table**. »

> "Look, there are cockroaches running over the table."

« **En revanche ma nourriture est très bonne pour la santé**. » répond Molli

> "But my food is healthy", Molly answers.

« **Et pourquoi votre nourriture serait-elle bonne pour notre santé ?** » demande le client.

> "Why should your food be healthy", the customer demands to know.

Molli : « **Mes plats contiennent peu de calories, de manière à ce que les clients ne prennent pas de poids.** »

> "My dishes have few calories so my customers won't gain weight."

« **Achetez-vous plutôt un livre de cuisine.** » se plaint le client. « **Les frites et le hamburgers font grossir.** »

> "Buy yourself a cook book", the customer complaints. "Fries and hamburgers makes you fat."

Un jour, le restaurateur a une idée. Après quelques jours d'essais et d'erreurs, il commence à servir de la nourriture maigre. Un client régulier demande quel est le secret de cette nouvelle nourriture savoureuse? Il lui a dit que la viande était faite d'insectes.

Questions de compréhension

Pourquoi le client pense-t-il que le restaurant est sale?

Pourquoi Holly pense-t-elle que sa nourriture est saine?

Quelle est l'idée de Molly?

34. Presque enceinte

Le docteur : « **Donc, vous n'êtes pas enceinte et vous ne l'avez jamais été auparavant.** »

"So, you are not pregnant and you have never been pregnant."

Elsa : « **Mais alors pourquoi je grossis en permanence ? Le cadran de la balance cogne contre le tableau d'affichage.** »

"But why am I getting more fat? The scale hits to the limit."

Le docteur : « **Votre ventre a vraiment une forme très bizarre. Nous allons devoir faire une radiographie.** »

"Your belly shows a strange shape. We have to make x-rays."

La radio a montré une forme étrange. Finalement, Elsa a subi une lipoaspiration. Lorsqu'Elsa a quitté l'hôpital elle ne faisait plus que soixante kilos. Elle a posé des questions aux docteurs sur son état. Le médecin en chef lui a montré la pelouse du doigt, devant l'hôpital. Là-bas il y a un âne.

Le docteur montra l'âne : « **Cet âne de 100 kilos a été retiré de votre ventre.** »

The doctor points to the donkey: This 100 kilo donkey we pulled out of your belly."

Questions de compréhension

Pourquoi devient-elle plus grosse?

Qu'est-ce que le médecin recommande?

Que montre son ventre?

35. Plans futurs

Moi : « **Qu'est-ce que tu penses que je pourrais faire comme métier plus tard ?** »

"What do you think should I do in the future?"

Mon amie : « **Le mieux, c'est de faire ce dont tu as toujours rêvé.** »

"The best thing would be what you always have been dreaming of."

Moi : « **Je rêve d'aller à l'université et d'étudier la médecine. Ensuite je pourrais devenir médecin et avoir mon propre cabinet**. »

"I dream to go to university to study medicine. Then I could become a doctor and open my own business."

Mon amie : « **Mais tu aimerais vraiment travailler comme ça ?** »

"But could you work like that?"

Moi : « **Je pourrais aussi travailler dans un hôpital. Même la police a besoin de médecins. Je pense même que je serais un bon chirurgien. J'ai une idée géniale. Je vais devenir chirurgien esthétique. Les chirurgiens esthétiques gagnent beaucoup d'argent, en particulier aux Etats Unis.** »

"I even could work in a hospital. Even the police needs doctors. I imagine I'd be a good surgeon. I have a great idea, I will become a plastic surgeon. Plastic surgeons are supposed to make a lot of money, especially in the U.S."

Mon amie : « **C'est une super idée.** »

Mes pensées allèrent plus loin encore. Et puis finalement j'ai eu une drôle d'idée.

J'ai demandé à mon amie : « **Est-ce que je dois émigrer aux Etats Unis** »

"Am I supposed to go to the United States?"

Questions de compréhension

Qu'est-ce que mon ami me recommande?

Quel est mon rêve?

Qu'est-ce que je me demande?

36. Une maison propre

Gabi : « **Salut Sabine, que fais-tu aujourd'hui** ? »

> "Hi Sabine, what are you doing today?"

Sabine : « **Salut Gabi, aujourd'hui on va nettoyer la maison.** »

> "Hi Gabi, today I will clean the house."

Gabi : « **Et pourquoi ça** ? »

> "Why is that?"

Sabine : « **Parce que nous faisons un nettoyage de printemps**. »

> "Because we are doing a spring cleaning."

Gabi : « **Raconte-moi comment ça marche.** »

> "Tell me how that works."

Sabine : « **Au nettoyage de printemps, on fait les carreaux, on nettoie les tapis, on frotte les parquets, on époussette les meubles,on les nettoie, et on fait aussi les matelas. Les enfants aident à ranger les meubles. Et pour finir on essuie le sol.** »

> "For a spring cleaning you need to clean the windows, the carpets, thoroughly mob the floor, dust and clean the furniture and also cleaning the mattresses. The children help to clean the furniture. At last the floor will be mobbed."

Gabi : « **Ca doit être vraiment très difficile !** »

> "This has to be hard."

Sabine : « **Non. Au nettoyage de printemps toute la famille vient pour aider, toute seule je n'y arriverais pas.** »

> "No, for the spring cleaning all the family helps. Alone I can't do it."

Questions de compréhension

Que vais-je faire aujourd'hui?

Qu'est-ce qu'on doit nettoyer?

What do we have to do at last?

37. Nous déménageons

Le père : « **Ecoute mon enfant, tout doit être rangé dans les cartons.** »

"Listen kids, everything has to be packed in boxes."

Le fils : « **Quels cartons doit-on utiliser ?** »

"Which boxes should we use?"

Le père : « **Nous avons acheté toutes sortes de cartons, des gros et des petits.** »

"We bought a lot of bis and small boxes."

Le fils : « **Quelles affaires devons-nous mettre dans les cartons ?** »

"Which things should we put into the boxes?"

Le père : « **Nous avons établi des listes pour savoir quelles affaires devaient aller dans quels cartons.** »

"We made a list about what things will be packed in which boxes."

Le fils : « **Quand est-ce qu'on déménage ?** »

"When are we moving?"

Le père : « **Nous avons loué un chariot de transport pour vendredi. Un ami va venir nous aider à charger et décharger les meubles. C'est moi qui vais conduire le chariot, heureusement que nous restons dans la même ville.** »

"We have rented a truck for friday. A friend will help us to load and unload the furniture. I am going to drive the truck myself. Fortunately we are staying in the same city."

Le fils : « **Que va-t-il se passer après le déménagement ?** »

"What happens after we move?"

Le père : « **Apres le déménagement, nous devrons encore raccrocher les lampes et nettoyer les meubles. Pour finir on va parfaitement nettoyer notre ancien appartement de manière à ce que nous puissions récupérer notre caution.** »

"After we move we have to install the lamps and clean the furniture. At the end we have to clean the apartment well to get our deposit back."

Questions de compréhension

Pourquoi avons-nous besoin de boîtes?

What do we have to rent?

Qu'est-ce qu'on fait enfin?

38. Le taxi vient me chercher

La mère : « **Quand est-ce que le taxi va venir te chercher ?** »

"When is the taxi picking you up?"

La fille : « **Le taxi vient me chercher à onze heures et il m'amène à l'aéroport.** »

"At eleven the taxi picks me up and brings me to the airport."

La mère : « **Combien de temps lui faut-il pour aller jusqu'à l'aéroport ?** »

"How long does the taxi need to get you to the airport?"

La fille : « **Il faut environ une heure pour aller jusqu'à l'aéroport, ensuite j'ai encore deux heures d'attentes à l'aéroport avant le départ de l'avion.** »

"To the airport we need about an hour, then I have two hours before the flight."

La mère : « **As-tu déjà préparé ta valise ?** »

"Have you already packed your suitcases?"

La fille : « **Oui j'ai fait ma valise hier.** »

"I already packed the suitcase yesterday."

La mère : « **Mais faire une valise n'est pas un jeu d'enfant, il faut bien organiser le rangement de ses vêtements et ne rien oublier !** »

"But packing a suitcase is no child's game. The clothings have to be packed in order and you must not forget anything."

La fille : « **Il est onze heures moins une et j'attends mon taxi avec tellement d'impatience.** »

"It is already one minute before eleven and I am waiting impatiently for the taxi."

La mère : « **Appelle moi quand tu seras arrivée s'il te plait.** »

"Call me when you arrive."

Questions de compréhension

Quand est-ce que le taxi vient me chercher?

Comment dois-je emballer la valise?

Pourquoi je voyage?

39. Rejoindre un club

Monsieur le Clerk : « **Bonjour Madame Schulz, que faites-vous sur la route si tôt le matin** ? »

> "Good morning Ms. Schulz. What are you doing so early this morning on the street?"

Madame Schulz : « **J'ai un rendez-vous avec mon club.** »

> "I have a meeting with a club."

Monsieur le Clerk : « **Vous faites partie d'une association sportive** ?

> "Are you in a sports club?"

Madame Schulz : « **Non, j'ai rendez-vous au club auto.** »

> No I have a meeting with an automobile club.

Madame Schulz : « **Moi aussi! Dans ce cas nous nous y reverrons là-bas.** »

> "Me too! Then we meet us there again."

Questions de compréhension

Pourquoi M. Schulz est-il en avance?

Dans quel genre de Club est M. Schulz?

Quel genre de Club ai-je rejoint?

40. Télévision en France

En France, la plupart des films sont diffusés tard dans la nuit. La plupart des chaînes de télévision traitent du sport, de l'actualité et de vieilles séries télévisées.

La fille : « **Qu'est -ce qu'il y a à la télévision aujourd'hui** ? »

"What's on TV today?"

La mère : « **Comme d'habitude, il y a du sport, des informations et des séries.** »

"There is always sports, news and series."

La fille : « **J'aimerais bien voir un long-métrage.** »

"I want to see a movie."

La mère : « **Les longs-métrages passent plutôt le soir.** »

"Movies they show usually at night."

La fille : « **Parle-moi un peu plus de la télévision s'il te plait.** »

"Please tell me more about TV."

Questions de compréhension

Quels sont les programmes de télévision typiques en France?

À quelle heure montrent-ils des films?

Quel est mon programme TV préféré?

41. Le guichet automatique

L'étranger : « **Comment marche le guichet automatique en France** ? »

"How does an ATM machine work in France?"

Moi : « **En premier j'introduis ma carte bancaire dans le guichet automatique. A l'écran on m'invite à donner mon code secret. Le code secret est aussi appelé code Pin, il se compose de quatre chiffres**. »

"First you have to insert the card into the ATM. On the screen you will be asked for a secret number. The number is also called PIN and has four digits."

L'étranger : « **Ensuite j'ai directement accès à mon compte** ?

"Can I get directly into my account?"

Moi : « **Oui ensuite, j'ai accès à mon compte. Je peux aussi voir sur l'écran à combien s'élève mon solde** »

"Yes, after that I have access to my account. On the screen I can see how much by balance is."

L'étranger : « **Combien d'argent puis-je retirer?** »

"How much money can I take out?"

Moi : « **Cela dépend de ton compte bancaire. Souvent je retire cinquante euros. Puis, après avoir récupéré mon argent, je dois reprendre ma carte. A la fin, on me donne un justificatif** »

"That depends on your account. I often get fifty euros. After I have taken the money I have to take out the card. At the end I get a receipt."

L'étranger : « **Que se passe-t-il si jamais j'oublie ma carte dans le distributeur ?** »

"What happens if I forget to take out the card?"

Moi : « **Alors il faudrait que je fasse opposition et que j'en demande une nouvelle** »

"Then I have to have my card blocked and apply for a new one."

Questions de compréhension

Combien de chiffres a le nombre que je dois mettre en?

Combien d'argent puis-je sortir?

Quel est le but de la machine?

42. L'enterrement

Mon frère : « **Quand est ce que Grand-mère est morte** ? »

"When did grandmother died?"

Ma mère : « **Grand-mère est morte la semaine dernière**. »

"Grandma died last weekend."

Mon frère : « **Pourquoi a-t-on enterré Grand-mère** ? »

"Why do they bury her?"

Ma mère : « **En France c'est très courant d'enterrer les gens**. »

"In France it is custom to get buried."

Mon frère : « **Qui paie pour les funérailles** ? »

"Who is paying for the funeral?"

Ma mère : « **Normalement c'est la famille qui paie**. »

"Normally the family pays for it."

Questions de compréhension

Pourquoi les gens sont-ils enterrés en France?

Qui paye pour les funérailles?

43. Nouveaux voisins

« **Qu'est-ce qu'on fait en premier** ? »

"Who is our new neighbor?"

« **On doit d'abord sauter par-dessus le cheval d'arçons et ensuite on doit s'échauffer à la nage**. »

"Below us lives a young man. He is a student and lives by himself. He has a cat in his apartment."

« **Est-il une personne gentille** ?»

"Is he a nice person?"

« **Oui, il me salue quand nous nous rencontrons dans la cage d'escalier.** »

"Yes he always greets me when we meet on the stairways."

« **Avons-nous plus de voisins?**»

"Do we have more neighbors?"

« **Oui, la semaine prochaine est la réunion des locataires. Ensuite, je rencontrerai tous mes nouveaux voisins**. »

"Yes, next week is tenant meeting. Then I will meet all my new neighbors."

Questions de compréhension

Qui habite en bas?

Quel genre de personne est-il?

Où pouvons-nous rencontrer les autres locataires?

44. La piscine publique

Un ami: «**Qu'est-ce qu'on va faire en premier?**»

    "What are we going to do first?"

Moi: «**Nous devrions d'abord sauter de la chèvre et ensuite nous nous réchaufferons**.»

    "We should first jump off the block and then we'll warm up."

Un ami : « **D'accord. On commence avec 1000 mètres de brasse. Ensuite on peut continuer en nage libre.** »

    "Alright. We start with 1000 meters breaststroke. After that we can continue with freestyle.

Moi : « **A la fin on jouera au water-polo.** »

    "At the end we play water polol"

Un ami : « **Au bord de la piscine il y a toujours un maitre-nageur qui nous surveille.** »

    "At the pool edge is always the lifeguard and watching us."

Moi : « **Le maitre-nageur croit que nous nous sommes mal comportés.** »

    "The life guard thinks we did not behave."

Un ami : « **Pourquoi ?** »

    "Why?"

Moi : « **La semaine dernière, on est aussi allé nager, mais après la piscine, on a pas pris de douche, et ensuite un autre petit garçon a déposé ses excréments dans la douche.** »

    "Last week we have been swimming here but didn't use the shower. because there was another kid who left his excrements in the shower."

Questions de compréhension

Que faisons-nous d'abord dans la piscine?

Qu'est-ce que le sauveteur fait?

Qu'est-ce que le garçon étranger a fait?

45. Le guide touristique

Pepe est un guide touristique originaire d'Espagne.

Le vacancier français : « **Tu parles bien français, Pepe**. »

> "You speak good French, Pepe."

Pepe : « **Je parle bien français parce que j'ai travaillé en France pendant dix ans. Je travaillais chez Renault. Mais ensuite, à cause de ma famille, j'ai dû rentrer en Espagne**. »

> "I speak French well because ten years ago I worked in France. I worked at Renault.. But because of my family, I returned to Spain."

Le vacancier français : « **Tu es uniquement guide touristique** ? »

> "Are you only a tourist guide?"

Pepe : « **A Paris, je travaille comme vendeur automobile la semaine, et du vendredi au dimanche je suis guide touristique.** »

> "In Paris I worked as a car salesman on weekends, and Fridays to Sundays as tourist guide."

Le vacancier français : « **Est-ce que tu as aussi des groupes de touristes** ? »

> "Do you also have tourist groups?"

Pepe : « **La semaine dernière j'ai un eu un groupe de retraités français à qui j'ai fait visiter la ville. Je raconte aux touristes l'historique de la ville. Ce qui les intéresse le plus en général, ce sont les musées. A la fin de la journée, les gens peuvent aussi me poser des questions personnelles**. »

> "Last week I had a group of French retirees who I visited the city. I tell tourists the history of the city. What interests them most in general are the museums. At the end of the day, people can also ask me personal questions. "

Questions de compréhension

Pourquoi Pepe parle-t-il bien Français?

Quels emplois a-t-il?

Qu'a appris Pepe?

46. Les peintres arrivent

Madame Durand : « **Bonjour, vous commencez par dehors** ? »

"Good morning, are you starting outside?"

Le peintre : « **Nous avons pris une échelle. Nous commençons par dehors et allons peindre les murs extérieurs.** »

"We brought a ladder. We start outside and we will paint the outside walls."

Madame Durand : « **Chaque mur doit être peint en blanc.** »

"Every wall has to be painted in white."

Le peintre : « **C'est ce que nous allons faire. J'ai un seau qui contient la couleur, un pinceau et un rouleau. De cette manière nous pouvons terminer plusieurs murs en peu de temps.** »

"That's what we will do. I have a bucket that contains the paint, a brush and a roller. This way we can finish several walls in a short time. "

Madame Durand : « **Demain il faudra peindre les murs intérieurs de la maison.** »

"Tomorrow the inside walls have to be painted."

Le peintre : « **Tout ça payé comptant et sans poser de questions**. »

"All for cash and no questions asked."

Questions de compréhension

Qu'apportent les peintres?

Qu'apportent les peintres?

Qu'ont demandé les peintres?

47. La recette

Une amie : « **Comment prépares-tu les escalopes** ? »

"How do you prepare schnitzel?"

Moi : « **D'abord, j'achète de fines tranches de bœuf.** »

"First, I buy thin slices of beef."

Moi : « **Je les frappe avec le plat de la main jusqu'à ce qu'elles deviennent bien plates. Je saupoudre les deux côtés de sel et de poivre. Je prépare trois assiettes. Dans la première, je mets de la farine. Dans la seconde je mets un œuf battu et dans la troisième je dispose de la panure. Je mets les tranches d'abord dans la farine, puis dans l'œuf et pour terminer je les roule dans la panure.** »

"I pound them with the flat of my hand until they become really flat. I sprinkle both sides with salt and pepper. I prepare three plates. In the first, I put flour. In the second I put a beaten egg and in the third I have the breadcrumbs. I put the slices first into the flour, then in the egg and last I roll them in breadcrumbs."

Une amie : « **Comment tu cuis la viande après** ? »

"How do you cook it?"

Moi : « **Je cuis la viande à la poêle pendent deux à trois minutes.** »

"The meat will be pan fried 2 to 3 minutes on both sides."

Questions de compréhension

Que dois-je expliquer à mon ami?

Comment préparer la viande?

Combien de temps dois-je faire cuire la viande?

48. Tu es d'ou?

« **Salut Louise, je suis contente de te revoir.** »

"Nice to see you again."

Jeanne : « **Cela fait longtemps que nous ne nous sommes pas vues.** »

"It is a long time that we have seen each other."

L'amie : « **Puis-je te demander où tu es née** ?

"May I ask, where were you born?"

Jeanne : « **Je suis née à Tours mais j'ai grandi à Bordeaux. Bordeaux est une ville du sud de la France.** »

"I was born in Tours and grew up in Bordeaux. Bordeaux is a city in southern France."

L'amie : « **Est ce que Tours est une grande ville comme Bordeaux?** »

"Is Tours a big city like Bordeaux?"

Jeanne : « **Non, Tours est une petite ville à l'extérieur de Bordeaux.** »

"No, Tours is a small town outside of Bordeaux."

L'amie : « **Raconte-moi des choses sur Bordeaux.** »

"Please tell me more about Bordeaux."

Jeanne : «**Bordeaux est une très jolie ville. Il y a un grand port et elle est connue pour sa ravissante vieille ville. La plupart des touristes connaissent en général L'esplanade. Les petites villes sont pleines de charme mais pour étudier, les grandes villes comme bordeaux sont bien mieux. A Bordeaux il y a des milliers d'étudiants. Ils viennent de tous les horizons.**"

"Bordeaux is a very pretty city. There is a big harbor and it is known for its charming old town. Most tourists are familiar with L'esplanade. The small towns are full of charm but to study, the big cities like Bordeaux are much better. In Bordeaux there are thousands of students. They come from all walks of life."

Questions de compréhension

Combien de temps dois-je faire cuire la viande?

Quelle est la taille de la ville de tours?

Est-ce que tours est loin de Bordeaux?

49. Mon permis de conduire

L'ami : « **Quand as-tu passé ton permis de conduire ?** »

"When did you make your drivers license?"

Moi : « **J'ai passé mon permis juste après avoir fêté mes 18 ans.** »

"I made my drivers license shortly after my 18th birthday.

L'ami : « **Le permis français est-il valable pour toute la vie ?** »

"Is a drivers license valid all your life in France?"

Moi : « **Tant qu'on est vivant, notre permis est valable.** »

"Our license is valid as long as you live."

L'ami : « **Que fais-tu aujourd'hui ?** »

"What are you doing today?"

Moi : « **Aujourd'hui je vais prendre l'autoroute pour la première fois. Je vais conduire la voiture de mon père. Mon père a une Porsche. Mais je vais conduire doucement et laisser mes bouteilles de bière à la maison.** »

"Today I am going to take the highway for the first time. I will drive my father's car. My father has a Porsche. But I will drive slowly and leave my beer bottles at home."

Questions de compréhension

Combien de temps pouvez-vous garder votre permis de conduire en France?

Qu'est-ce que je fais d'autre aujourd'hui?

Que dois-je laisser à la maison quand je conduis?

50. Rendez-vous avec le médecin

Madame Durand a très mal à la tête. Le médecin examine son épaule. Il lui prescrit des médicaments, qu'elle doit prendre tous les jours. Le médecin lui prescrit également une liste d'activités. Elle doit aller régulièrement au yoga et faire de la méditation.

Madame Durand : « **D'où viennent mes maux de tête ?** »

> "Where does this headache come from?"

Le médecin : « **Vos maux de tête viennent du stress.** »

> "The headache comes from stress."

Madame Durand : « **Que puis-je faire pour y remédier** ? »

> "What can I do to help it?"

Le médecin : « **Vous devez pratiquer certaines activités.** »

> "You have to do certain activities."

La femme pratique les activités indiquées pendant plusieurs jours, mais les maux de têtes sont toujours là. Une semaine plus tard elle retourne chez le docteur.

The woman performs the recommended activities for several days but the headache does not go away. After a week she goes to the doctor again.

« **Vous vous sentez mieux ?** » demande le médecin.

> "Are you feeling better", the doctor asks

Madame Durand : « **Non j'ai toujours mal à la tête dès que je suis un peu nerveuse.** »

> "No, I am always getting a headache when I am nervous."

« **Est ce que vous dormez assez** ? » demande-t-il. Elle lui répond qu'elle ne sait pas.

> "Are you sleeping enough", he asks. She responds she doesn't know.

Apres un nouvel examen médical, le médecin lui prescrit des comprimés contre l'anxiété, des comprimés contre le stress et du

valium pour dormir. A la maison Madame Durand a un carton un carton rempli de comprimés.

After a new medical examination, the doctor prescribes anti-anxiety tablets, stress tablets and valium for sleeping. At home Mrs. Durand has a carton filled with tablets.

Questions de compréhension

Quand va-t-elle avoir mal à la tête?

Qu'est-ce que le médecin recommande contre mal de tête?

Quels médicaments a-t-elle à la maison?

51. Culture

Je suis assis avec plusieurs étudiants dans un café parisien. Nous avons une réunion internationale. Les américains, les français et les allemands sont assis à une table et discutent.

L'américain demande, "Qu'est-ce-que la culture veut vraiment dire dans ce pays ?"
Je réponds que ce terme peut avoir plusieurs significations : littérature, théâtre, art ou même notre façon de parler mais aussi de nous conduire.

« Est ce que ça inclut aussi le comportement? » Demande l'américain.
 « Le Comportement est un terme général et il en fait probablement partie. » dit l'allemand
 « Donc ça veut que quand je me comporte j'ai de la culture », demande l'américain en souriant.
 « Plus ou moins », je réponds. Mais l'éducation et les manières peuvent aussi définir une culture ».
 « Est-ce qu'on peut aussi dire qu'en France j'ai de la culture contrairement à toi ? », demande l'américain.
 « Non, ça serait arrogant », je revendique.

52. Dîner à l'européenne

Contrairement aux Etats-Unis, dans beaucoup de pays européens, les clients peuvent simplement entrer dans un restaurant et s'installer là où ils en ont envie. Cependant, dans les grands restaurants, il n'y a la plupart du temps pas de menu sur la table, il faut donc en demander un au serveur. Les serveurs portent en général une chemise blanche et un pantalon noir. Ils ont aussi un carnet pour prendre les commandes.

Souvent, une conversation entre un serveur et un client se déroule ainsi :

Serveur : Bonsoir, avez-vous déjà fait votre choix ?

Client : Je vais prendre un schnitzel et une salade, numéro 5 sur le menu.

Serveur : Très bien, que voudriez-vous boire ?

Client : Juste une eau minérale.

Serveur : plate ou pétillante ?

Client : Plate, avec peu de gaz.

Serveur : Vous désirez donc un schnitzel, une salade et une eau plate avec peu de gaz, c'est correct ?

Le client hoche la tête.

A la fin du repas, le client demande « La note s'il vous plait. »

Les pourboires ne sont jamais obligatoires et, dans la plupart des pays, ne sont pas inclus dans la note.

53. Une entreprise prospère

La chose la plus importante pour moi est d'être et de me sentir en bonne santé. Être belle fait aussi partie de mon travail. Il y a quelques années, j'ai créé une entreprise en ligne où je vends des cosmétiques et des parfums.

Son amie : « Comment es-tu devenue célèbre sur Internet ? »

"How did you become famous in the internet?"

Nicole : « Tous les jours, je poste mes images sur des réseaux sociaux tels que Instagram, Pinterest et j'envoie des messages sur twitter et Facebook. »

"I am posting daily my pictures on social media such as Instagram and Pinterest and I send messages on Twitter and Facebook."

Son amie : « Et qu'est-ce que tu postes exactement? »

"What are you posting?"

Nicole : « Je donne des conseils aux femmes pour qu'elles restent jeunes et belles. »

"I give tips how women can stay young and beautiful."

Son amie : « Est-ce que tu lis aussi les articles des autres internautes ? »

"Are you reading the messages from other people?"

54. Arrêter

Le mois prochain, Sammy aura trente ans. Le problème est que Sammy fume des cigarettes depuis plus de dix ans. Il a essayé tout un tas de méthode et d'astuces pour arrêter de fumer. Rien n'a marché et il sait qu'il a besoin d'un traitement. Par chance, il a trouvé quelques petites îles habitées appartenant aux Etats-Unis, en dessous de la frontière canadienne. Il n'y a pas de ferry public et ça lui semble être l'endroit idéal pour arrêter de fumer. Une semaine plus tard, Sammy est déjà sur l'île. Il compte rester une semaine, le temps que la nicotine s'évacue de son corps.

En arrivant il jette son dernier paquet dans un buisson. Après trois jours, Sammy est presque mort d'ennui. Curieusement, il trouve une bouteille de whisky dans les buissons. Il n'a rien d'autre à faire que de boire le whisky. Soudain, il entend de la musique ! Après avoir cherché la source, il trouve un homme devant une grotte écoutant de la musique et fumant un cigare.
« Que faites-vous ici ? » demande Sammy.
Le vieil homme est surpris aussi.
« Je suis ici pour arrêter l'alcool, et vous ? »
« J'essaie d'arrêter de fumer. C'est votre bouteille de whisky ? »
« Oui. Et j'imagine que c'est votre paquet de tabac ? »
Sammy hoche la tête, il se sent pris de vertiges. « Ecoutez, est-ce-que vous pouvez me rendre mes cigarettes ? »
Bien sûr, si vous me donnez ma bouteille de whisky.
Finalement, les hommes se mettent d'accord et continuent à faire ce qu'ils faisaient avant

55. Piste cyclable dans une ville d'Europe

La semaine dernière, je suis allé à l'université en vélo. Il y avait deux pistes cyclables sur la route. Il y avait une jeune fille de l'autre côté. Elle était très belle. Elle pédalait parallèle à moi dans la même direction.

Soudain, elle s'arrête et me crie : « Tu conduis du mauvais côté ! »
On s'arrêta tous les deux. Elle s'approcha « Ne connais-tu pas les règles de conduite ? », elle me demande.
Je dis : « Je voulais juste gagner du temps. »
Elle réponds : « Tu ne gagnes pas de temps si tu fais mal à quelqu'un. Un accident pourrait abîmer ton vélo. Tu pourrais finir à l'hôpital. Tu dois prendre ton temps. Des accidents arrivent tous les jours parce que les gens n'ont pas le temps. Est-ce-que tu veux te faire mal aussi ?
Je lui demande alors « Es-tu mariée ? »

56. Mal de tête

Mme Meyer a un très gros mal de tête. Le docteur examine son épaule et lui prescrit des comprimés qu'elle doit prendre tous les jours. Par ailleurs, le docteur lui donne une liste d'activités à faire. Elle est censée faire du yoga et de la méditation tous les jours, car le docteur affirme que le mal de tête est dû au stress.

La femme fait les activités pendant quelque jours mais les maux de têtes ne disparaissent toujours pas. Au bout d'une semaine elle retourne voir le docteur.
« Vous sentez-vous mieux ? » lui demande le docteur.
Elle dit que non et qu'elle a toujours mal à la tête quand elle est nerveuse.
« Dormez-vous assez ? » il demande. Elle répond qu'elle ne sait pas.
Après l'avoir encore examiné, le docteur lui prescrit des comprimés contre la nervosité, des cachets contre le stress et du Valium pour dormir. Mme Meyer a maintenant une grande boite remplie de comprimés et de cachets à la maison

57. Le marché fermier hebdomadaire

Ma famille adore acheter des produits frais de producteurs locaux. C'est pourquoi nous allons tous au marché fermier. Mon mari est un chef amateur et n'achète les légumes qu'au marché. Notre stand préféré est au bout du marché là où nous pouvons aussi acheter des herbes fraiches.

« Bonjour Lisa et Harry, ça fait plaisir de vous revoir »

« Bonjour Bill ! Qu'est-ce-que vous avez de plus frais aujourd'hui ? »

« Harry, tu sais que tous mes produits sont frais. Tout vient d'arriver directement de l'éco ferme. »

« Donc, de tous les vendeurs du marché, vous êtes livrés en premier ? »

« C'est ça. Je suis à l'entrée du marché ici, c'est pour ça que mes tables passent en premier. »

« Ok Bill, on va donc prendre 2 kilos de tomates et 3 kilos de pommes de terre, et un bouquet de carottes s'il vous plait »

« Autre chose ? »

« Vendez-vous des figues ? »

« Elle ne poussent pas par ici. »

« Ok, combien est-ce-que je vous dois ?

« Ça fera six dollars au total »

58. Alcooliques

De nos jours, beaucoup de gens boivent trop d'alcool. Il y a des millions d'alcooliques dans le monde. C'est pourquoi beaucoup de gens meurent de maladies liées à l'alcool comme la cirrhose. Cependant, il semble que tout le monde boive de l'alcool d'une façon ou d'une autre.

C'est socialement acceptable, alors la question est : à quel point l'alcool peut-il vraiment être dangereux ? La plupart des médecins et experts sont d'accord pour dire que c'est la quantité quotidienne qui fait le plus de différences. Trop d'alcool peut endommager beaucoup d'organes, surtout le cerveau, l'estomac et les intestins. Il y a aussi beaucoup de raisons qui font que quelqu'un devient alcoolique.

Les psychologues se sont rendus compte que les raisons principales pour lesquelles quelqu'un prend une bouteille sont la solitude et la frustration. Vaincre une addiction peut être très difficile mais pas non plus impossible. La plupart des alcooliques peuvent se traiter eux-mêmes, simplement en réduisant les quantités ou en changeant leur comportement, mais un médecin peut aussi aider avec une thérapie. Le soutien des amis et de la famille peut aussi jouer un rôle spécial.

59. intoxication alimentaire

Le médecin : « De quoi se plaint votre fils ? »

> "What kind of complaints does your son have?"

Le père : « Il se plaint d'avoir mal à la tête, il tousse et a la diarrhée. Il se sent aussi complètement épuisé et fatigué. »

> "He complains of headache, coughing and diarrhea. He feels completely tired and exhausted."

Le médecin : « Je vais examiner votre fils. »

> "I am going to examine him."

Le médecin découvre que Markus a une intoxication alimentaire.

> The doctor finds out Markus has food poisoning.

Le père : « Mais c'est très dangereux ça ! »

> "That's very dangerous!"

Le médecin : « Votre fils va devoir rester au lit et prendre ses médicaments. Il doit prendre ces comprimés deux fois par jour. »

> "Your son has to stay in bed and take medicine. He has to take a pill twice a day."

Le père : « Je pense que son intoxication alimentaire est due au kebab que nous avons mangé avant-hier. »

> "I think the food poisoning comes from a kebab he ate the day before."

60. Le restaurant espagnol

Frank a récemment ouvert un restaurant dans la région de la baie de San Francisco et sa spécialité est la cuisine espagnole. En fait, le restaurant fait partie de sa maison qui a aussi un grand jardin et est très spacieuse. Une nuit, juste quand il était sur le point de fermer, un couple entra. Sa femme, qui travaillait en cuisine se demanda pourquoi son mari laissait encore des clients entrer. « Frank, la cuisine est déjà fermée et nous n'avons plus assez de nourriture dans le réfrigérateur pour cuisiner deux repas de plus. »

Frank fit non de la tête. « En fait si, j'ai encore du lapin ici. »

« Mais la plupart des gens n'aiment pas le lapin. » dit sa femme en se plaignant.

« Je connais une très vieille recette d'un vieux livre de cuisine. Laisse-moi essayer. »

« Combien de temps est-ce-que ça va te prendre pour faire cette recette. »

« Ca va prendre environ une heure. Je dois encore enlever la fourrure puisque j'ai moi-même tué le lapin dans le jardin tout à l'heure. »

61. Une promenade au parc

Tom et Liz sont bons amis. Chaque dimanche ils vont marcher au parc pendant environ deux heures. En général, Tom vient chercher Liz chez elle.

C'est aujourd'hui dimanche et c'est aussi l'anniversaire de Tom. Tom a une idée. Il sait que les parents de Liz ne sont pas chez eux aujourd'hui et il va la voir en avance. Il frappe à sa porte et elle ouvre. « Pourquoi es-tu en avance ? Je ne suis pas encore prête. »

« Tu n'as pas besoin de te préparer pour aller te promener. »

« Qu'est-ce que tu veux dire Tom ? »

« Je suis venu te rendre visite chez toi. Laisse-moi rentrer et tu peux imaginer le reste. »

62. Dialogue – Où est notre chat ?

Un matin nous avons trouvé un oiseau mort devant notre porte. Il semblait que quelqu'un l'avait posée là.

J'ai dit à ma mère : « Je pense que notre chat Mika a fait ça. »

Ma mère m'a répondu : « C'est la nature, nous ne devons pas intervenir. »

Je n'étais pas d'accord « C'est dangereux. »

« Pourquoi ? »

« L'oiseau mort est porteur de bactéries. Mika va amener ces bactéries dans notre maison. »

« Tu as raison » m'a dit ma mère, inquiète.

Ma mère devait prendre une décision. Elle emmena le chat dans la maison. Je n'ai plus jamais revu Mika après ça.

63. Aujourd'hui nous avons du lapin

Fernando a un restaurant espagnol à Tokyo. Son restaurant fait partie de la grande maison où il vit. Il y a derrière la maison un grand jardin sauvage. Un soir, alors que Fernando voulait fermer, des clients arrivent tard. Sa femme, qui est Japonaise, travaille en cuisine. Elle se demande pourquoi son mari veut servir des clients aussi tard.

« Pourquoi veux-tu encore servir ? » elle demande. « Il est tard et je ne vais jamais sortir de la cuisine. »

« Les clients ont déjà commandé du vin, dit Fernando. De plus, nous avons encore un lapin dans le frigo. Donc j'ai dit aux clients que ce soir je ne servais que du lapin.

64. La lampe mystérieuse

Ce que Bruno Schmidt voulait acheter à l'origine dans ce marché aux puces allemand était un tambour. Il s'était dit que pour trouver un tambour décent il devait aller sur un grand marché aux puces, dans une des plus grandes villes, ce qui a en général lieu les week-ends. C'est donc dimanche qu'il vit un grand tambour rouge sur une étale qui proposait aussi des choses cassées apparemment inutiles. Pour une raison inconnue, le vendeur ne voulait pas lui vendre le tambour.

« Vous ne savez pas lire ? » lui demanda le vendeur. Il pointa du doigt une pancarte écrit à la main. Elle disait « Prenez tout pour 100 euros. L'homme semblait ne pas vouloir vendre le tambour seul. Puis Bruno vit une lampe vintage qui avait l'air très intéressante. Une lampe ordinaire avec un abat-jour que l'on mettrait dans sa chambre. Il pourrait utiliser une lampe comme ça. Bruno demanda à l'homme s'il pouvait acheter à la fois le tambour et la lampe. L'homme hocha la tête. Bruno regarda la lampe de plus près. Il y avait des lignes décoratives sur l'abat-jour qui avait aussi un parchemin et une couleur vive. Puis il vit ce qui semblait être un numéro le long de l'abat-jour. Etait-ce un tatouage ? « En quoi l'abat-jour est-il fait ? » Bruno demanda à l'homme. « Je ne crois pas que ce soit de la peau d'animal, répondit l'homme. Je l'ai acheté moi-même au marché aux puces de Buchenwald.

65. Une carte postale du Costa Rica

Mme. Duval a engagé des travailleurs pour réparer son chauffage. Elle vit seule et elle est contente de voir les hommes enfin arriver vers midi. L'équipe est seulement constituée du patron et son apprenti. Les hommes commencent à travailler et trouve une valve cassée. Le patron veut montrer la pièce cassée à Mme Duval elle lui expliquer de nouvelles choses mais elle lui fait la surprise d'amener des shots de Tequila pour faire une pause.

Elle lève son verre. « Messieurs, avant de continuer, buvez un verre. » Après 5 minutes, Mme Duval revient et insiste pour qu'ils boivent un autre verre. Les hommes obéissent et boivent. Le patron finit par demander à son apprenti d'aller chercher une nouvelle pièce au bureau. Quand, une heure plus tard, l'apprenti revient à la maison de Mme. Duval personne ne répond. Le lendemain le patron n'est pas au bureau. Le patron a disparu ! Environ une semaine plus tard le courrier arrive au bureau, incluant une carte postale de leur patron. La carte postale vient du Costa Rica et le patron annonce à ses employés qu'il est en lune de miel avec Mme. Duval.

66. La commande

Un couple de l'Ohio est en vacances à Miami. Ils sont assis dans un restaurant de bord de mer et sont prêts à commander. Enfin, le serveur arrive, leur donne deux menus et disparait. Le couple regarde le menu et n'est pas impressionné. L'homme voit du Ketchup séché sur son menu et le secoue par dégoût. Le serveur prend son temps pour servir d'autres clients puis revient avec deux verres et de l'eau. Il tient les verres du bout des doigts, les pose sur la table et disparait à nouveau. La femme dit à son mari « Je peux voir ses empreintes sur les verres. C'est dégoûtant. Tu peux demander au serveur qu'il nous en amène deux autres verres ? » « Pour ça ils nous feront payer un spplément. Mais j'ai une idée, je crois qu'on a encore des bouteilles d'eau dans ma voiture, je vais aller les chercher. »

« Bonne idée. Prend aussi une serviette et du savon pour qu'on puisse nettoyer la table. »

67. La vieille alcoolique

Les habitants de Chieti pensaient que Marta venait d'une ville insignifiante dans le centre de la région des Abruzzes en Italie. Beaucoup de gens disaient qu'elle avait un accent et les personnes âgées disaient même qu'elle venait de Roumanie.

Parfois Marta allait dans un restaurant pour y manger et tout le monde parlait d'elle, elle pouvait même entendre les gens dirent qu'elle vivait avec sa fille adulte, une jeune fille qui allait supposément partir à Londres l'été suivant pour étudier.

Il était aussi connu que Marta avait un teckel, nommé Max, avec qui elle faisait une promenade au moins une fois par jour. La plupart des gens pensaient qu'elle ne travaillait pas. Marta avait un secret ouvert, elle adorait boire du vin. Une ou deux bouteilles de vin rouge par jour et elle préférait le boire seule. En début d'après-midi, elle commençait à boire et continuait jusqu'en début de soirée.

Ca valait mieux que d'aller au pub et de perdre sa réputation, elle se disait. Elle avait en partie perdu sa réputation car au supermarché Aldi elle pouvait être vue régulièrement avait un charriot plein de bouteilles de vin. Ce qui intéressait les gens était de savoir quel genre de travail elle avait et pourquoi elle vivait seule. Parfois elle semblait aussi être partie faire un voyage. Un jour avant Noël, un véhicule noir se gara devant chez elle. Des hommes et des femmes en uniformes. Etait-ce la police ? Nous ne savions pas.

Curieusement, quelques jours plus tard un autre véhicule se gara devant sa maison. Cette fois c'était un mini-bus blanc. En ce sombre jour d'hiver, Marta avait ses lunettes de soleil et elle monta rapidement dans le véhicule et la voiture disparut.

Un voisin affirmait que la voiture avait une plaque d'immatriculation étrangère avec un petit drapeau bleu et blanc.

68. Comment trouver un millionnaire sur un bateau de croisière

Je m'appelle Brigit et tout commence demain. Préparer ses valises n'est pas un jeu d'enfant et, même si j'ai commencé il y a des semaines, j'ai du mal à garder les idées claires. Je dois savoir ce que je peux emmener avec moi et ce que je dois laisser à la maison. Je viens juste de lire que je ne peux prendre ni bouteilles, ni produits alimentaires.

La croisière commence en Italie. Il n'y a pas de vraie croisière commençant en Allemagne sauf les croisières fluviale sur le Danube ou le Rhin mais elles sont réservées aux retraités. Mes vacances sur le bateau commenceront demain soir.

C'est un énorme vaisseau avec plusieurs piscines et beaucoup de restaurants. L'idée de partir en vacances en croisière m'est venue en revoyant une vieille amie. Elle avait déjà affiché sur Facebook la nouvelle qu'elle avait trouvé l'homme de ses rêves.

La vie peut être belle. Après dix ans de rencontres en ligne, mon amie en surpoids a enfin trouvé un petit copain. Il doit être riche, maintenant que je sais combien une croisière coûte. Mon voyage m'avait coûté plus de cinq milles euros mais le voyage de mon amie a dû être encore plus cher. Mes pensées vacillent entre préparer mes valises et les hommes sophistiqués, cocktails et produits de beauté. Ils vaut mieux en avoir beaucoup.

Heureusement, les tampons et shampoings ne pèsent pas lourd. J'entends la sonnette. Qui cela peut-il être ? Je n'ai pas le temps !

« Bonjour Andrea, quelle surprise ! »

« Bonjour Brigit, je voulais juste te dire bonjour avant que tu ne partes en croisière demain. Laisse-moi te présenter mon fiancé. Voilà Bobo, de Manille. »

« Ravie de vous rencontrer. »

« Salut ! »

« Est-ce qu'il parle anglais aussi ? »

« Il parle très bien anglais. Après tout, il a travaillé sur le bateau de croisière où je l'ai rencontré. Il était serveur là-bas. C'est un homme très capable ! »

69. Le club de critique

Diana vient de Londres mais vit depuis bientôt un an en Espagne dans la ville de Marbella. Elle a acheté un appartement là-bas et pour se faire un peu d'argent elle loue une chambre aux touristes. Elle gagne aussi de l'argent grâce à son entreprise en ligne. Elle a même publié des livres de développement personnel online, la plupart d'entre eux sont des livres de régime.

Diana se sent bien en Espagne. La seule chose qui lui manque sont les contacts sociaux. En tant qu'étrangère en Espagne ce n'est pas toujours facile de trouver des amis. Les étrangers qui vivent en Espagne viennent de partout dans le monde, même si la plupart parlent anglais.

Diana a une idée. Pourquoi ne pas organiser une rencontre ? Une rencontre hebdomadaire des gens avec des intérêts en commun. Diana met d'ailleurs une annonce en ligne sur un forum de rencontres.

« Rencontres entre artistes et auteurs pour s'entraider et se critiquer. »

Le dimanche suivant, un petit groupe d'étrangers se retrouve dans un café. La plupart sont des auteurs et ils parlent tous de leur livre ouvertement. Certains auteurs ont déjà publié un livre et d'autres ont prévu de publier dans un avenir proche.

Le groupe se met d'accord pour s'entraider. L'idée est d'envoyer un mail aux autres membres du groupe dès qu'on livre du groupe est publié. Quelques jours après que chaque membre ait acheté le nouveau livre, une critique positive apparait sur online. Chacun est d'accord pour dire que ce système bénéficiera à tout le monde.

Un jour, Diana reçoit un mail d'un nouveau membre qui vient juste de publier son propre livre. Diana est abasourdie quand elle lit le titre du livre : « Le commerce corrompu des fausses critiques de livres. »

70. Une visite d'Amérique

Berta et Willi sont retraités, ils viennent de Hambourg mais passent la plupart de leur temps en Bavière, un état du sud de l'Allemagne. Ils ont acheté une maison de campagne dans un village il y a des années.

Le couple vient de familles modestes. Willi avait travaillé en tant que conducteur de bus et Berta, sa femme, travaillait dans un supermarché.

Un après-midi, quelqu'un sonne à la porte.

Willi ouvre la porte et se retrouve face à un homme et deux enfants. Des étrangers.

« Oui ? »

L'homme répond dans une langue qu'il ne comprend pas. Willi appelle sa femme. Berta accueille les gens qui continuent de parler avec enthousiasme mais Berta et Willi n'en comprennent pas un mot.

« Je pense qu'ils parlent anglais » dit Berta.

Les enfants font non de la tête mais semblent, d'une certaine façon, encouragés à continuer de parler.

Soudain, l'homme met la main dans sa poche et en sort une photo en noir et blanc. Il la montre à Berta et Willi. Willi met ses lunettes et hoche gentiment la tête.

La famille s'excite et les enfants embrassent Willi.

Ils parlent leur propre langue et ont l'air heureux. L'homme montre du doigt la pendule à coucou puis se montre lui.

Berta souri. « Il a l'air d'avoir la même. »

Les enfants vont dans la cuisine et ouvrent le frigo.

Berta et Willi les suivent.

« Vous avez faim ? » demande Berta

« Aujourd'hui nous avons de la choucroute avec des saucisses. Je vais les réchauffer pour vous. »

Les enfants embrassent Berta et l'étranger serre la main de Willi. A table ils mangent et rient et, soudain, Willi comprend quelques mots.

« Amérique, grand-père. » Willi et Berta sont d'accord mais tous les étrangers parlent en même temps.

Tout à coup, La famille se lève et dit au revoir à Berta et à Willi.

L'étranger donne une photo à Willi.

Willi fait gentiment oui de la tête. La famille part enfin. Willi regarde la photo de nouveau. « Ça devait être l'ancien propriétaire quand il était petit. »

« Oui, mais qui étaient ces gens ? »

71. Le fromage pue de tous les côtés

Harold Johnson était tombé amoureux. Il avait une nouvelle petite-amie depuis quelques semaines, une femme qu'il avait rencontrée à la bibliothèque et qui lui avait dit qu'elle travaillait au marché fermier sur un stand de fromages.

M. Johnson avait beaucoup de temps libre l'après-midi, et il en passait la majorité à la bibliothèque.

M. Johnson et la femme avaient un passe-temps en commun. Ils aimaient tous les deux lire des classiques de littérature et des livres de cuisine à la bibliothèque. Un jour, M. Johnson invita la femme à venir boire un verre de vin chez lui. C'est comme ça qu'ils se sont mis en couple. Mais la relation n'était pas sans problème. M. Johnson n'aimait pas l'odeur de la femme. Il lui dit franchement qu'il trouvait qu'elle sentait le fromage. M. Johnson avait l'impression qu'à chaque fois que la femme venait chez lui, la maison toute entière finissait pas sentir le fromage.

Elle expliqua que l'odeur devait venir d'autre part. Elle finit par lui dire que quand ils s'étaient rencontrés elle avait dû lui dire qu'elle avait une sorte de travail parce qu'elle avait honte d'être au chômage. M. Johnson était heureux d'entendre ça, donc il dit à la femme qu'il n'était pas retraité, comme il lui avait dit.

M. Johnson ne comprenait toujours pas pourquoi elle sentait toujours le fromage.
« Donc, quel est ton vrai travail ? » il lui demanda
« Je n'ai pas de travail mais je donne des massages de pieds » elle dit.
« Ça explique l'odeur. » M. Johnson répondit.
« Et que fais-tu dans la vie ? » demanda la femme.
« Je travaille dans une ferme avec les cochons, mais, heureusement, que le matin. »

72. Le fromage pue de tous les côtés

Harold Johnson était tombé amoureux. Il avait une nouvelle petite-amie depuis quelques semaines, une femme qu'il avait rencontrée à la bibliothèque et qui lui avait dit qu'elle travaillait au marché fermier sur un stand de fromages.

M. Johnson avait beaucoup de temps libre l'après-midi, et il en passait la majorité à la bibliothèque.

M. Johnson et la femme avaient un passe-temps en commun. Ils aimaient tous les deux lire des classiques de littérature et des livres de cuisine à la bibliothèque. Un jour, M. Johnson invita la femme à venir boire un verre de vin chez lui. C'est comme ça qu'ils se sont mis en couple. Mais la relation n'était pas sans problème. M. Johnson n'aimait pas l'odeur de la femme. Il lui dit franchement qu'il trouvait qu'elle sentait le fromage. M. Johnson avait l'impression qu'à chaque fois que la femme venait chez lui, la maison toute entière finissait pas sentir le fromage.

Elle expliqua que l'odeur devait venir d'autre part. Elle finit par lui dire que quand ils s'étaient rencontrés elle avait dû lui dire qu'elle avait une sorte de travail parce qu'elle avait honte d'être au chômage. M. Johnson était heureux d'entendre ça, donc il dit à la femme qu'il n'était pas retraité, comme il lui avait dit.

M. Johnson ne comprenait toujours pas pourquoi elle sentait toujours le fromage.

« Donc, quel est ton vrai travail ? » il lui demanda

« Je n'ai pas de travail mais je donne des massages de pieds » elle dit.

« Ça explique l'odeur. » M. Johnson répondit.

« Et que fais-tu dans la vie ? » demanda la femme.

« Je travaille dans une ferme avec les cochons, mais, heureusement, que le matin. »

73. Aventure au spa Partie 1 Après le travail

M. Schmidt est un homme d'affaires. Il est propriétaire d'un petit restaurant dans une gare où il vend des fish and chips.

Il a beaucoup de client habitués parce que la plupart de ses clients aiment ses plats.

Après le travail il va souvent au spa pour se calmer et se détendre.

Il y a un moment, M. Schmidt est retourné au sauna. C'est en fait un spa avec sauna à vapeur, bains turques comme on peut en trouver dans toutes les grandes villes.

Ils ont plusieurs saunas et une piscine. Ce jour-là, la température du sauna herbal est particulièrement haute. M. Schmidt était déjà assis, transpirant, sur le banc quand la porte s'ouvrit.

Un homme entra. M. Schmidt le reconnu immédiatement. C'était un client.

Cependant, il n'aimait pas ce client. Ce dernier l'avait un jour dénoncé parce qu'il pensait que son restaurant était sale.

L'autre homme reconnu aussi M. Schmidt.

Il sourit : « Bonsoir M. Schmidt, comment allez-vous ? »

« Tout va bien, merci. » répondit M. Schmidt.

« Transpirer nettoie le corps » dit l'homme

M. Schmidt en avait assez pour la journée et quitta le sauna.

74. Aventure au spa Partie 2 La serviette

Il partit prendre une douche. Cette fois M. Schmidt prit une longue douche parce que l'homme l'avait énervé.

Après sa douche, M. Schmidt alla dans les vestiaires, une grande salle avec beaucoup de casiers. Les serviettes étaient pendues à un crochet. M. Schmidt quitta lentement le sauna.

Le client qu'il avait vu au sauna était dehors vers la porte.

L'homme regarda M. Schmidt et sourit « Excusez-moi, M. Schmidt, vous avez pris et utilisé ma serviette ! »

« M. Schmidt fit non de la tête. « Non, je ne pense pas, non. »

« S'il-vous-plait, regardez dans votre sac. » dit l'homme.

M. Schmidt ouvrit son sac et en sortit la serviette.

L'autre homme souriait toujours. « Regardez, là dans le coin, j'ai écrit des lettres au stylo noir »

« A.H. » demanda M. Schmidt.

« C'est moi. » dit l'homme.

M. Schmidt lui rendit la serviette. Il ne retourna jamais au sauna.

75. Le marchand d'art

Dans le temps, Werner Schultz était comédien au théâtre. Il était connu à Berlin et avait aussi réussi à avoir un rôle important dans une série télévisée, où il jouait un criminel crédible.

M. Schultz n'a apparemment jamais été pauvre et a toujours été intéressé par l'art et les objets antiques.

Il a maintenant plus de cinquante ans et il reçoit moins d'offres de film ou de théâtre. M. Schultz est devenu plutôt connu en tant qu'artiste peintre.

On peut dire que M. Schultz est un véritable artiste et un connaisseur parce qu'il est très cultivé, surtout en ce qui concerne les tableaux antiques. Il s'y connait bien en peintres impressionnistes du 19ème siècle. Après de nombreuses d'année en tant que comédien, artiste et expert peintre, M. Schultz était le bienvenu dans beaucoup de magasins et galeries. M. Schultz avait acheté beaucoup de peintures à l'huile de valeur et des objets antiques chez les antiquaires et galeries d'art.

Mais sa réputation de bon fournisseur était encore meilleure. La qualité de ses tableaux et la marchandise qu'il vendait était de très haute gamme. Un jour, un journal publia que le marchand d'art et célèbre acteur, M. Schultz, était mort. Personne ne savait qu'il était mort puisque M. Schultz n'avait pas de famille, c'est pourquoi les journalistes cherchaient des amis ou de la famille.

Récemment, les journalistes ont trouvé ce qu'ils cherchaient. M. Schultz était un parent éloigné d'Hermann Göring.

76. Soirée barbecue Partie 1 Notre accord

Marco et Paula ont des enfants qui vivent encore chez eux mais le couple s'est séparé il y a peu de temps.

Heureusement, Marco a encore un petit appartement en ville et a laissé la maison à Paula et aux enfants. Les parents de Paula ont déjà quatre-vingt ans et vont célébrer leurs noces d'argent ce week-end.

C'est un bel après-midi d'été et le père de Paula, Alberto, a une idée. Pourquoi ne pas organiser un barbecue dans le jardin de Marco. Des amis, les enfants et autres membres de la famille,tous viendraient. De plus, Alberto a toujours aimé Marco. Après tout, ils sont tous les deux chasseurs dans un club de chasse. Séparation ou non, ça serait une soirée barbecue géniale. Alberto appelle sa fille et s'attend à une promesse pour le week-end. Cela demande beaucoup de conviction à Paula pour que Marco accepte qu'elle soit responsable des grillades dans son propre jardin.

Marco accepte. Le moment est arrivé le samedi après-midi. On met le grill en route pendant que les enfants jouent et que les adultes boivent des bières.

77. Soirée barbecue Partie 2 Le cadeau

De la musique retentit d'une vieille stéréo. Alberto aide Marco avec le grill même si c'est ça lui est difficile et qu'il a oublié ses lunettes. Soudain, il revient à l'esprit de Marco qu'il a un cadeau pour Alberto. C'est un couteau de chasse avec un man che en corne !

Marco explique que c'est un couteau très spécial de la marque traditionnelle espagnole Muele. Un couteau pour les collectionneurs ! La belle soirée touche à sa fin. Marco est sur le point de partir quand Paula l'embrasse et lui dit qu'elle veut lui parler le lendemain. Le dimanche, Marco et Paula se retrouvent. Elle lui est extrêmement reconnaissante pour la superbe soirée barbecue.

Ils discutent et Marco lui dit que tout n'était pas mauvais dans leur relation. Paula fait une proposition à Marco. Pour le bien des enfants, ils pourraient vivre de nouveau ensemble.

En effet, une semaine plus tard, la famille emménage de nouveau ensemble. Marco est très heureux, surtout parce que le couteau pas cher qu'il a acheté pendant son voyage en solitaire en Thaïlande n'a pas manqué de faire son effet.

78. La candidature

Le mois dernier j'ai perdu mon travail parce que je me suis disputée avec mon patron. Je suis juste partie du bureau et je suis rentrée chez moi. Désespérée de trouver un travail je suis allée dans une agence de recrutement. Ils me disent que je suis qualifiée pour beaucoup de postes. Je suis d'accord parce que je me considère honnête, dédiée et une travailleuse assidue.

Chaque jour, j'envoie de nouvelles candidature et j'en envoie beaucoup par la poste traditionnelle pour sortir du lot auprès d'employeurs potentiels. Cependant, la plupart des entreprises ne répondent même pas. Hier j'ai reçu une lettre. L'en-tête m'était familièr. Quand j'ai regardé qui l'avait envoyée je n'en croyais pas mes yeux. Mon ancienne entreprise avait renvoyé mon vieux patron et me proposait le même poste que j'avais auparavant.

79. Une simple salade

Lisa travail dans un restaurant gastronomique à Londres. Elle n'a commencé il y a que deux semaines. Le plus souvent elle travaille en cuisine mais quand le restaurant est plein, elle aide aussi au service. Le chef est connu et célèbre et aujourd'hui il travaillera en cuisine lui-même. Le service du soir a commencé et les premières commandes arrivent. Le chef crie à Lisa : « J'ai besoin d'une simple salade, Lisa ! » Lisa commence immédiatement à y travailler. Elle coupe d'abord la laitue puis la mélange avec des rondelles de concombre. Elle hache aussi des tomates en quatre, coupe un oignon et quelques olives qu'elle met dans la salade. A la fin elle mélange les ingrédients avec de l'huile d'olive, du vinaigre, du sel et du poivre. « La salade est prête ! » crie Lisa.

Le chef regarde l'assiette, abasourdi. « C'est ce que tu appelles une simple salade ?

80. Ecole et nos projets pour l'avenir

Sabine va à l'école Son professeur voudrait savoir ce que les élèves veulent faire plus tard.

« quelle profession voudriez-vous exercer plus tard ? » Il demande.

Michael est le premier à lever la main. « Je voudrais être médecin pour pouvoir ouvrir des corps et voir ce qu'il y a à l'intérieur. »

Lukas hoche la tête et lève la main. « Je veux devenir policier pour pouvoir tirer sur les gens méchants. »

Nicole rigole quand elle enchaine : « Je voudrais être pilote comme ça je pourrai me sentir aussi libre qu'un oiseau. »

Finalement, c'est au tour de Sabrine. « Je veux être professeure. Je voudrais aider les élèves à prendre de bonnes décisions sur ce qu'ils veulent faire plus tard. »

81. Financement participatif pour une nouvelle cuisine

Melinda est une jeune fille de Californie. Cela faisait des années qu'elle prévoyait de changer de cuisine. Le problème était qu'elle vivait encore dans la maison de ses parents, simplement dans le grenier.

Il y avait une petite kichenette, comme dans un hôtel, equipée d'un micro-onde, four et cafetière. Melinda avait toujours aimé fouiller dans les livres de cuisine et avait déjà télécharger des centaine de recettes sur online et, honnêtement, elle était bonne cuisinière. Ses parents n'étaient pas intéressés par les cuisines modernes. Mais pourquoi ? Ils mangeaient toujours des plats américains simples qui consistait en des frites, des pois, saucisses et des ingrédients grossiers.

Parce que Melinda avait déjà trente ans, sa famille s'attendait à ce qu'elle trouve enfin un partenaire, se marie et fonde une famille. Mais il y avait un problème pour Melinda. Elle n'avait pas de travail et le chômage rendait sa vie difficile, comme partout. Avec travail ou sans, elle avait besoin de cette cuisine.

Elle avait économisé six cents dollars. Il y avait à côté de chez elle un énorme magasin de fournitures pour la maison qui avait toujours des soldes sur les cuisines le lundi. Mais ce n'était pas tout. Les quincailleries et les supermarchés sont des endroits où l'on peut souvent rencontrer des voisins et des amis. Le lundi matin, Melinda se mit devant la grande entrée et attendit.

En effet, vingt minutes plus tard le premier voisin arriva. Melinda n'hésita pas. Elle dit à la femme qu'elle devait acheter une cocotte-minute de toute urgence parce que son ancienne était cassée et qu'elle avait besoin de trente dollars pour une nouvelle. Après un moment, la femme lui donna l'argent. Ça avait parfaitement marché. Melinda vit une demi-douzaine de voisins et connaissances et, à midi, elle avait assez d'argent pour la nouvelle cuisine.

82. Le cirque

Aujourd'hui je suis allée au cirque avec ma mère. Le spectacle commençait à 6 heures mais nous sommes arrivées en avance car nous savions qu'il y allait y avoir une longue queue pour acheter les tickets. Ma mère demande pourquoi les tickets étaient aussi chers. Le vendeur explique qu'ils ont de gros animaux tels que des tigres, etc. et qu'ils mangent une énorme quantité de viande chaque jour. Enfin, le spectacle commence. D'abord nous voyons un clown qui fait des blagues en agitant ses mains. Puis ils installent une cage énorme et les animaux arrivent. Nous voyons un éléphant qui lève la patte, un singe habillé comme une écolière puis nous voyons les gros chats arrivés dans la cage. Un tigre doit sauter à travers un cercle en feu et un lion doit sauter d'un tabouret à l'autre. Je demande à ma mère si ces animaux font la même chose dans la nature. Elle me répond qu'elle ne sait pas.

83. L'ermite

Certains dissent que Michael Gomez est un ermite mais ce n'est que partiellement vrai.

La vérité est qu'il vit isolé en Andalousie près de la ville de Grenade. Un ermite a souvent peu de choses matérielles et c'est aussi vrai pour Michael. Il n'a pas l'électricité mais il peut quand même cuisiner puisqu'il a un réchaud et qu'il a connecté un générateur devant sa maison.

Il y a assez d'eau. Derrière sa propriété l'eau coule pratiquement du toit et longe le mur avant de disparaitre dans le sol. A part ça, il est bien équipé. Il a un grand lit et des toilettes de camping faits maison.

Une fois par semaine il va à Grenade en vélo où il va faire ses courses dans un supermarché. Michael a un rêve. Il veut des toilettes modernes et surtout, une vraie fenêtre fermée à vue panoramique. Le problème est que sa propriété a plusieurs autres petites entrée et, à l'avant de la maison, une grande entrée de plus de cinq mètres de large. L'entrée est en réalité ouverte la plupart du temps parce qu'il n'a pas de porte à la bonne taille et les pans en plastique n'aident pas lorsqu'il fait froid dehors.

Mais la vue depuis son énorme entrée est fantastique. Michael vit entouré de montagnes et bois et d'ici il peut voir une grande vallée et des montagnes à l'opposé. La vue inspire Michael. Un jour il voudrait devenir architecte et si ça ne fonctionne pas peut-être auteur ou artiste. Un autre problème est qu'aucune porte ou fenêtre ne correspond à la taille et forme de son énorme entrée. Des amis lui disent qu'il est impossible d'installer une fenêtre à vue panoramique car Michael habite dans une grotte où les ours et les hommes de Néandertal vivaient.

84. La bonne

Maria vient de Pologne et travaille deux fois par semaine en tant que bonne dans une grande maison. La maison appartient à Mme. Le Clerc qui vit seule. De temps en temps son fils vient la voir. Son fils est sans emploi et il reçoit un peu d'argent de sa mère.

Le fils vit chez un ami. Il vient souvent chez sa mère le matin et regarde la télévision. S'il fait beau il s'assoit sur la terrasse et boit une bière. Maria doit emmener les bouteilles de bière vides au sous-sol. Au sous-sol, il y a énormément de boites où des bouteilles de bière pleines sont entreposées.

Mme. Le Clerc travaille très dur. Elle travaille dans une usine et revient chez elle très tard. Mais elle appelle souvent son fils et parfois Maria aussi. Un jour, le fils demande une faveur à Maria. « Je pars en voyage à l'étranger pendant quelques semaines. Mais ne le dis pas à ma mère, fait comme si tout était normal.

« Pas de problème » répond Maria.

Le lendemain tout semble normal. Mme. Le Clerc appelle Maria et demande si son fils est encore à la maison et si tout va bien.

« Oui, Mme Le Clerc, tout va bien. » Maria est assise sur la terrasse et boit une bière. Elle portera les bouteilles vides au sous-sol.

85. AirBnB, l'ombre mystérieuse et un révolver

Anna adore AirBnB. C'est déjà la troisième fois qu'elle passe des vacances dans un appartement AirBnB. Anna a loué un grand appartement pour un mois complet, le propriétaire passe le plus clair de son temps dans sa chambre à regarder la télévision. Un jour, alors qu'Anna revient à l'appartement, la télévision dans la chambre du propriétaire retentit à plein volume.

Anna frappe à la porte mais personne ne répond. Elle ouvre la porte, entre dans la pièce et hurle. Anna regarde le vieil homme assis sur le fauteuil. Ses yeux et sa bouche sont grand ouverts. Sa tête est couverte de sang. Il a un revolver dans sa main, on lui a tiré dessus.

Pour la police il s'agit clairement d'un suicide et le corps est vite évacué. Anna ne pouvait pas rentrer chez elle parce qu'elle ne pouvait pas changer son vol et elle décida donc de finir ses vacances dans cet appartement. Mais rien n'est comme avant. Anna n'arrive pas à dormir la nuit. Pour trouver le sommeil, Anna fume un joint avant d'aller au lit. Une nuit elle se réveille et voit une grosse ombre s'approcher de son lit. Anna ne peut ni bouger ni crier. L'ombre s'approche et s'allonge sur elle.

Obscurité. Soudain, la lumière du soleil perce à travers la fenêtre. Anna se réveille et se sent mal. Elle est déprimée. Etait-ce un cauchemar ? Elle voit quelque chose de sombre sur la table de nuit. Anna le prend et c'est plutôt lourd. Maintenant elle le reconnait. C'est le revolver du vieil homme.

86. Le trésor dans les bois

Pierre est quelqu'un de romantique. Même quand il avait 18 ans à cette époque, il était plus intéressé par les livres d'histoires que par les filles, à part ses amies et camarades de classe.

Quand il ne dormait pas ou n'était pas occupé par ses devoirs, il s'assoupissait sur le canapé et rêvait d'avoir un jour beaucoup d'argent. Un jour il s'endormit sur le canapé. Il eut un rêve vivant.

Il rêva qu'il avait trouvé un trésor sur une île. Quand il ouvrit le coffre, un petit nuage de fumée en sortit. La fumée prit la forme d'une bouche et une voix dit « lève-toi, va à la forêt, tu trouveras une carte. La carte sera enterrée sous un vieux pin. Creuse un trou où tu vois un peu de fumée. C'est une carte au trésor. Tu peux être riche si tu trouves la carte.

La fumée s'approcha de son visage et Pierre ne pouvait plus respirer, il crut qu'il allait s'étouffer.

Pierre se souvint que c'était dimanche et qu'il devait déjà être l'après-midi.

C'était déjà l'automne, du brouillard couvrait le paysage. Derrière la maison commençait un chemin qui menait directement à la forêt. Il suivi le chemin et ne fit même pas cent mètre puisqu'il avait déjà vu le pin et qu'il pouvait tr1es bien voir de la fumée blanche monter au ciel.

Pierre creusa et trouva un petit tube et, à l'intérieur, il trouva un papier enroulé.

Ça ressemblait à une carte de Bouddhiste ou à un parchemin. Il le roula et rentra chez lui. Le jour suivant après l'école il alla directement dans un magasin où l'on pouvait vendre de l'or et des objets de valeur.

Il ne toucha pas d'argent pour la carte. Pierre rentra chez lui, s'allongea sur le canapé et s'endormit. Il rêva qu'il n'allait plus jamais avoir besoin d'argent. Lorsqu'il se réveilla, il regarda la carte et sourit. La carte et le trésor ne lui importaient plus.

87. Au Pair en Angleterre

Les parents de Nicole sont français et voulaient le meilleur pour elle. Ils voulaient l'envoyer en Angleterre pour qu'elle apprenne l'anglais. Une agence avait trouvé un logement pour Nicole chez une famille anglaise. Les parents avaient payé très cher pour un séjour d'un mois mais ça n'avait pas d'importance puisque l'éducation de leur fille passait avant tout. Nicole avait hâte parce qu'elle n'était jamais sortie du pays et qu'elle adorait apprendre les langues étrangères.

Nicole partit en Angleterre en août.

Cependant, quand Nicole arriva elle eut une mauvaise surprise. Elle n'avait pas le droit de téléphoner et la maison n'avait pas internet. C'est pourquoi Nicole devait aller à la poste pour envoyer un message à ses parents. Elle était rentrée en France avant que ses parents puissent le recevoir. Ils étaient très heureux de revoir leur fille, bien sûr et voulaient savoir si elle parlait à présent couramment anglais.

La fille expliqua. « Non, je n'ai pas appris l'anglais parce que la famille d'accueil parlait plus hindou qu'anglais. Ils venaient d'Inde. »

« Ça veut dire que le voyage était en vain », dit sa mère.

« Non, pas du tout, répondit la fille, maintenant je sais ce que le poisson Masala est. »

88. Une étoile Michelin n'est pas assez

Les deux frères, Marc et Michael sont des restaurateurs doués, formés dans une école gastronomique en Suisse. Ils ont tous les deux déjà travaillé dans des restaurants français établis et se sont aussi construits une bonne réputation.

Il y a dix ans, ils ont ouvert leur restaurant à Londres. Dès le début, le restaurant a eu du succès et il ne fallut que quelques années avant que le restaurant ne reçoive sa première étoile Michelin. Le restaurant devient célèbre et à peine deux ans plus tard le restaurant reçoit sa deuxième étoile Michelin.

L'année dernière, les frères ont ouvert un deuxième restaurant dans une autre partie de la ville.

Il y a quelques mois le gros choc arriva. Les frères apprirent que leur premier restaurant n'avait reçu qu'une étoile Michelin, la deuxième avait été refusée pour des raisons inconnues.

Un ami qui travaillait pour un magazine de restauration expliqua aux frères qu'ils avaient une étoile de moins parce qu'ils transportaient leur soupe d'un restaurant à l'autre dans des sacs en plastiques.

Les frères étaient très contrariés. Tout ce qu'ils pouvaient faire était d'essayer d'améliorer l'entreprise et de faire aussi de la nouvelle publicité. Mais d'une façon ou d'une autre, la nouvelle qu'ils transportaient leur soupe à l'extérieur dans des sacs avait atteint le public.

Un jour, ils virent soudain une grosse amélioration dans leur entreprise. Plus de commandes arrivaient qu'auparavant, les clients venaient pour commander à emporter. Il semblait que chaque jour il y avait plus de demandes pour la soupe.

La soupe semblait être le plat le plus vendu. Les frères sont convaincus que des nouvelles négatives sur le restaurant peuvent être bonnes pour l'entreprise.

89. Le réveillon du Nouvel An

Le réveillon du Nouvel An est toujours le 31 décembre en France et en Italie. La plupart des gens fêtent le nouvel an avec des amis ou leur famille. Il y a toujours des feux d'artifices à minuit. La plupart des familles préparent aussi un repas spécial. Un repas du Nouvel An consiste soit en de la carpe, de l'oie ou des hotdogs. Les allemands aiment aussi la salade de pommes de terre.

Souvent, le réveillon du Nouvel An est une occasion pour beaucoup de gens de boire beaucoup d'alcool. La plupart des jeunes vont à des fêtes et certains vont même danser ! Le 1er janvier est un jour férié sur tout le continent, et presque toutes les entreprises sont fermées. Le 2 janvier, en revanche, est un jour de travail normal en Europe.

90. Factures et contrats

Je suis une étudiante française vivant dans un petit appartement en dehors de Londres. Chaque mois, je dois payer beaucoup de factures. Le loyer est une facture importante et coûte plus cher que tout le reste.

Chaque mois je paie le loyer, la facture d'eau, la facture de téléphone et d'électricité. Mes factures sont en général automatiquement prélevées sur mon compte. Si mon compte est vide, je transfèrere l'argent.

Les contrats doivent être pris au sérieux et sont très importants en Angleterre. Si vous rompez un contrat dans ce pays, vous aurez certainement des problèmes. Si votre salaire est fluctuant, il vaut probablement mieux éviter les contrats.

91. Voyageur mondial

Je suis né à Dayton, dans l'Ohio mais, pour être franc, je ne me suis jamais très bien senti là-bas. Heureusement, j'ai découvert d'autres pays quand je n'étais encore qu'adolescent. Mes parents voyageaient beaucoup et nous avons eu la chance de vivre dans différents pays. Depuis mon premier souvenir, j'ai toujours été fasciné par l'Asie, en particulier le Japon.

L'Europe est intéressante mais il est difficile de vivre dans la plupart des pays. Cependant, la culture et surtout la nourriture étaient toujours les meilleures. En vieillissant, j'ai commencé à voyager seul. J'ai conduit jusqu'au Mexique et ai voyagé jusqu'au Panama.

Ces voyages étaient plus aventureux que les voyages ordinaires. Je peux honnêtement dire que voyager est formateur sur beaucoup de points. J'ai découvert des cultures différentes et ai plutôt bien développé mes capacités sociales. La plupart des américains ne voyagent qu'à l'intérieur de leur propre pays et il n'y a rien de mal à ça, mais je pense personnellement que les expériences internationales sont plus formatrices et meilleures pour le cerveau.

92. Téléphone cassé

Cela fait des jours que je n'arrive pas à charger mon téléphone. J'ai d'abord pensé que c'était à cause du chargeur. Ce n'est peut-être pas la raison parce qu'il marche avec un autre téléphone. Heureusement, je connais un magasin de téléphone où ils peuvent le réparer. Je dois laisser mon téléphone là-bas une journée pour qu'il puisse être évalué.

Je retourne au magasin le lendemain pour le récupérer. J'ai une sensation étrange. Le vendeur me montre le téléphone et l'ouvre. Tout semble être noir ! L'homme me dit que le téléphone a été endommagé par un court-circuit. La réparation couterait deux cents euros. Il me dit aussi que le téléphone a été mouillé et que c'est comme ça qu'il s'est endommagé.

Aujourd'hui il a une offre pour un nouveau téléphone. Le nouveau téléphone ne coûte que trois cents euros. Je n'ai pas le choix et achète un nouveau téléphone. Je ne vais plus jamais utiliser mon téléphone dans mon bain

93. Coupé le cordon du câble

Au fil des années, le prix de l'abonnement pour le câble est plus devenu un poids qu'un plaisir. Nous ne sommes pas riches et devons en réalité attentivement compter chaque dollar que nous dépensons. Un des luxes les moins nécessaires que l'on s'offre est le câble. Nos enfants adorent et mon mari regarde les chaines de sports et d'informations tout le temps.

Cependant, notre facture mensuelle s'approche dangereusement des 200 dollars, quelque chose que l'on ne peut plus ignorer. Puisque personne dans la famille ne connait vraiment les technologies, j'ai dû faire mes propres recherches. Regarder la télé en streaming semblait faire l'affaire. J'ai convaincu mon mari d'acheter une télé intelligente et un appareil appelé Roku. Depuis cela, nous regardons tous la télé sur des chaines de streaming telles que Sling, PlayStation, Vue et autres. Nous économisons ainsi beaucoup d'argent.

Bien sûr, rien n'est gratuit dans la vie. Nous devons payer les chaines chaque mois mais elles sont beaucoup moins chères que le câble. Ce qu'il faut en retenir est que cette technologie relativement nouvelle est moins chère et nous ne sommes plus bombardés par les publicités.

94. Les étrangers en Grande-Bretagne

En général, en Angleterre, il y a beaucoup de monuments et destinations touristiques à visiter. Les villes les plus visitées par les étrangers sont probablement Londres, Brighton et Yorkshire, tandis que le monument le plus visité de Grande-Bretagne est probablement Stonehenge.

La plupart des visiteurs étrangers veulent aller à Londres parce qu'il y a des centaines d'endroits célèbres à voir. Westminster Abbey, Big Ben, le Buckingham Palace, Piccadilly Circus et le British Museum sont même probablement les endroits les plus visités au monde. Londres reçoit plus de dix-neuf millions de visiteurs par an et puisque la livre est rapidement tombée ces dernières années, le Royaume-Uni continuera à être une destination très populaire.

La raison principale qui fait que les étrangers aiment la Grande-Bretagne est sûrement sa culture, par exemple le thé, la culture du pub, la reine mais aussi son Histoire qui semble être partout et connectée à l'ensemble de la culture.

95. Ma meilleure amie

Je suis amie avec Rachel depuis le lycée. Maintenant, cinq ans plus tard, nous sommes encore régulièrement en contact même si nous vivons dans des villes différentes. Lorsqu'il s'agit de choses importantes dans nos vies nous sommes toujours là pour nous soutenir. Nous prévoyons encore toutes les deux d'aller dans la même université. Ce sera la meilleure façon de se soutenir à nouveau. J'ai toujours été bonne en mathématiques et physique alors que mon amie préfère les langues et les arts. D'une certaine façon, je sais toujours ce qu'elle ignore et inversement. Parfois nous nous soutenons lorsque nous sommes anxieuses ou contrariées. J'ai dû la calmer plusieurs fois, surtout quand elle avait des problèmes avec son petit ami. Tout cela pour dire que notre amitié est indestructible et j'espère qu'elle nous aidera à tout surmonter.

96. Un livre célèbre

Pendant environ un an j'ai lu un livre fascinant écrit par un auteur célèbre. Le livre est un roman et parle d'un homme qui va à la pêche sur l'océan. Il doit se battre contre un gros poisson puissant et à la fin l'homme gagne cette bataille. Cependant, le livre a une signification plus profonde. L'auteur est Ernest Hemingway, qui a écrit le roman *Le vieil homme et la mer* en 1951 à Cuba. Ce travail est considéré comme un des meilleurs dans le monde de la littérature. Il a gagné le prix Nobel de littérature. Je suis complètement fascinée par ce livre et j'aimerais lire d'autres romans de cet auteur. Je pense aussi qu'un bon livre est beaucoup mieux qu'un film.

97. Jardin ouvrier

Inconnue de beaucoup, la culture allemande est aussi connue pour ses jardins ouvriers.

En dehors des grandes villes, beaucoup de gens ont des jardins ouvriers qui consistent en un petit jardin et une petite cabane. Beaucoup de ses petits jardins ouvriers forment une petite colonie.

La plupart des propriétaires de jardins ouvriers sont des retraités et y vont pour s'échapper des villes.

Un de ces jardins appartient à Wolfgang Meier, un retraité de Hambourg. Dans son jardin, il a construit une petite marre. Il est très fier de ses petits poissons rouges qui nagent dans la marre. En fait, M. Meier n'a pas de famille et aime ses poissons. Il a donné un nom à chacun d'entre eux.

Un jour, M. Meier va voir son jardin et découvre à la surface quelques-uns des poissons morts. Il n'y a pas d'explication. Cependant M. Meier est très triste et décide de vendre son jardin ouvrier. Bizarrement, personne ne veut lui acheter. Heureusement, un voisin finit par acheter son jardin très peu cher.

Le voisin est très heureux de son jardin et en prend grand soin. Après peu, le jardin est en excellente condition. Tout le jardin éclot et la marre est pleine de poissons.

De temps en temps, M. Meier vient voir son jardin, juste pour voir ce qui a changé. M. Meier est un peu jaloux et voudrait de nouveau utiliser son jardin. Un jour, sans prévenir, beaucoup de poissons sont morts.

Peu de temps après, le nouveau propriétaire reçoit une lettre de M. Meier. La lettre dit que M. Meier voudrait utiliser le jardin pendant les week-ends. S'il accepte de le laisser faire gratuitement, il prendrait bien soin des poissons et garantit que plus aucun ne va mourir. D'un autre côté, s'il refuse, M. Meier pourrait imaginer les problèmes s'empirer.

98. Mes loisirs

Un ami : « Salut Miriam, raconte-moi quels sont tes passe-temps. »

"Hi Miriam, please tell me of your hobbies:"

Miriam : « J'aime bien dessiner et peindre. J'aime bien aussi lire des livres, en particulier les livres historiques, je trouve que c'est très intéressant. »

"I paint and draw pictures. "Also, I like books, especially history books I find interesting."

Un ami : « Tu aimes aussi la musique ? »

"You also like music?"

Miriam : « J'aime aussi beaucoup ça. Cela fait plusieurs années que je joue du piano. Avant il fallait que je prenne des cours de piano, mais aujourd'hui c'est juste un loisir. »

"I like it a lot. For many years I have been playing the piano. Before I had to learn the piano, now it is one of my hobbies."

Un ami : « Est-ce que tout le monde a un hobby dans ta famille ?

"Everybody in your family has a hobby?"

Miriam : « En fait, tous les membres de ma famille ont plein de loisirs. Mon frère aime bien jouer au tennis et au golf. Mon père élève des chiens et ma mère est une cuisinière amateur passionnée. Ma sœur a un petit bateau. Elle va souvent plonger par là-bas. Le weekend elle joue de la guitare dans un groupe. Jouer de la guitare n'est pas très facile, mais elle adore la musique ! Le soir je vais danser. Ce que je préfère c'est la danse folklorique. »

"Actually, everyone in my family has a hobby. My brother likes to play tennis and golf. My dad raises dogs and my mother is an enthusiastic hobby chef. My sister has a little boat. From there she often goes diving. At weekends she like to play the guitar in a band. Playing a guitar is not easy, but she loves music! In the evenings I go dancing. My favorite dance is folk dancing."

99. Les règles de circulation

La mère : « Quand tu traverses la rue, tu dois d'abord regarder à gauche puis à droite. »

"When you cross the street first you have to look to the left then to the right."

Le fils : « Ensuite je peux y aller ? »

"Then I may go?"

La mère : « Ensuite il faut que tu regardes une nouvelle fois à gauche. Et c'est seulement quand la rue est libre, que tu peux prudemment la traverser. »

"Then at last you have to look to the left again. Then at last when the street is empty you can carefully cross it."

Le fils : « Est-ce que je peux aussi traverser la rue tout seul ? »

"may I cross the street by myself?"

La mère : « Si aucune voiture n'arrive, tu as aussi la permission de traverser la rue tout seul. On doit se montrer très prudent à un feu de signalisation. »

"If no car is coming you may cross the street by yourself. On a traffic light you have to be carefully."

100. Conduire et se garer en Allemagne

Je viens juste de déménager en Allemagne. C'est clairement un pays pour les voitures. L'autoroute s'appelle Autobahn et ce sont d'excellentes routes pour la conduite automobile à grande vitesse. La plupart des allemands ont un garage et certaines familles possèdent même plusieurs voitures. Mais tout n'est pas parfait dans ce pays. Les Allemands savent qu'à l'intérieur des villes il n'y a pas de parking gratuit. Si vous cherchez une place de parking gratuite où vous avez aussi le droit de vous garer, vous pourriez tourner pendant des heures avant de trouver une place. Les parkings payants sont très chers, surtout si vous en avez besoin pour un jour complet ou sur le long terme. Les gens qui habitent en ville doivent souvent déposer un dossier pour avoir une carte de parking de résident. Dans ce pays, chaque résident doit être inscrit auprès des autorités, ce qui peut être une bonne ou une très mauvaise chose. Ceux qui ne peuvent pas obtenir de carte de parking de résident mais doivent garer leur voiture dans le centre sont obligés de laisser leur voiture en périphérie de la ville pour prendre les transports en commun.